HANES E(
TABERNA

HANES
EGLWYS ANNIBYNNOL
TABERNACL
Hendy-gwyn

Denley Owen

Cyhoeddwyd yn 2019 gan
Eglwys Annibynnol y Tabernacl, Hendy-gwyn

Diolch i Gymdeithas y Tabernacl ac i Cronfa Grantiau'r Gymuned
Cyngor Sir Caerfyrddin am nawdd tuag at gostau'r llyfr.

ISBN 978-1-5272-4277-7

Cynllun y clawr:
Eirian Davies

Argraffwyd a rhwymwyd gan
ARGRAFFWYR A DYLUNWYR
HARCOURT
Unit 11, Prydwen Road, Swansea, SA5 4HN

I
Eglwys y Tabernacl
gan gofio
mai
Pobl ac nid Adeilad
yw
Eglwys

CYNNWYS

Rhagair xi

Yr Awdur xii

Coeden Deulu rhai o gapeli annibynnol Dyffryn Taf a'r cyffiniau xiii

Map o leoliad rhai o gapeli annibynnol Dyffryn Taf a'r cyffiniau xiv

1.00   CYFLWYNIAD   1
      1.01   Yn y Dechreuad   1
      1.02   Cyfnod Harri VIII   1
      1.03   Cyfnod Edward VI   2
      1.04   Cyfnod Mari Waedlyd   2
      1.05   Cyfnod Elizabeth I   2
      1.06   Cyfnod James I   3
      1.07   Cyfnod Charles I   4
      1.08   Cyfnod Oliver Cromwell   4
      1.09   Cyfnod Charles II   5
      1.10   Anghydffurfiaeth a Datblygiad Cenedl y Cymry   6
      1.11   Canerw, Pâl Mawr ac Egremont   6
      1.12   Adeiladu Henllan (1697)   6
      1.13   Glandwr, Rhydyceisiaid a Rhydyparc   7
      1.14   Adeiladu Capeli... o ddifrif   8
      1.15   Adeiladu Soar (agorwyd 1842)   9
      1.16   Galw am Weithredu'r Efengyl Gymdeithasol   11

2.00   CYFNOD Y PARCH WILLIAM THOMAS (1855-1908)   13
      2.01   Galw y Parch William Thomas   13
      2.02   Ysgol Ddyddiol Soar   14
      2.03   Diddordebau Eang William Thomas   15
      2.04   Hanes yr Hen Dy Gwyn-ar-Daf   16
      2.05   Undeb Cerddorol   17
      2.06   Cymanfa Bwnc   17
      2.07   Adeiladu Capel y Tabernacl (1874)   18
      2.08   Agor y Tabernacl   19
      2.09   Priodi a Dioddef Erledigaeth Yelverton   20
      2.10   Cymdeithasau Newydd   21
      2.11   Radicaliaid Gwleidyddol   23

2.12	Gweinidog y Tabernacl a Rhyfel y Degwm	24
	ac Ymgyrch Datgysylltu'r Eglwys	
2.13	William Thomas, Cynghorydd Sirol	25
2.14	Deugain Mlynedd yn y Weinidogaeth. Teyrnged Griffith Havard	26
2.15	Tysteb i William Thomas	28
2.16	Dyn Cyhoeddus Dylanwadol	31
2.17	Canolfan Brysur y Tabernacl	31
2.18	Undeb Dirwestol	31
2.19	Cymanfa Gyd-Enwadol Dydd Nadolig	32
2.20	Ysgol Sul Lewyrchus	33
2.21	Adnewyddu Soar (1896)	33
2.22	Priodi	34
2.23	Gŵyl Dê	34
2.24	Cadeirydd yr Undeb	34
2.25	Cyhoeddi Casgliad o Bregethau y Parch William Thomas	35
2.26	Ymgyrch Aelodaeth y Tabernacl	35
2.27	Cynhadledd Sir Gâr yn y Tabernacl	36
2.28	Ysbryd Seisnigaidd yn Whitland ond y Tabernacl yn 'gref a hoew'.	37
2.29	Yr Eglwys Weithgar	37
2.30	Diwygiad 04 - 05	38
2.31	Jiwbili William Thomas	38
2.32	Codi Gweinidog Ifanc	39
2.33	Yr Hybarch William Thomas yn colli ei Iechyd	40
3.00	CYFNOD Y PARCH GWILYM HIGGS B.A. (1907-1949)	51
3.01	Galw y Parch Gwilym Higgs B.A.	51
3.02	Gweithgarwch y Tabernacl yn Parhau	52
3.03	Ffurfio Cangen Dirwest y Merched	52
3.04	Cyrddau Mawr. Helaethu'r Fynwent	53
3.05	Ymddeoliad yr Hybarch William Thomas	54
3.06	Plant y Gobeithlu yn Gwneud eu Rhan	54
3.07	Yr Eglwys Saesneg	55
3.08	Adnewyddu'r Tabernacl ... Organ ... o'r Diwedd (1910)	56
3.09	Undeb yr Eglwysi Rhyddion	57
3.10	Marw yr Hybarch William Thomas	58
3.11	Cwrddau Mawr yn Gwrthdaro	59
3.12	Y Gymdeithas Ddiwylliannol	60
3.13	Tê a Chyngerdd Y Groglith Yn Parhau	61
3.14	Y Parch Gwilym Higgs yn Priodi	61
3.15	Marw William Scourfield	62
3.16	Parhad y Cymanfaoedd Dirwestol	63
3.17	Y Parch Gwilym Higgs yn y Rhyfel Mawr.	64

3.18	Gwella'r Festri	65
3.19	Llestri Cymundeb (1921)	65
3.20	Llewyrch yr Ysgol Sul yn y 1920au.	66
3.21	Yr Hanner Can Mlwyddiant	67
3.22	Materion Ariannol	67
3.23	Teithiau'r Plant	69
3.24	Adnewyddu Tabernacl (1934)	70
3.25	Ffurfio Cymdeithas y Chwiorydd	71
3.26	Y Ffordd o Fyw yn Newid	72
3.27	Rhyfel Arall	73
3.28	Canmlwyddiant Agor Soar (1942)	73
3.29	Y Lamp yn Llosgi'n Isel	74
3.30	Dathlu'r Deugain a Cau Ysgol Sul Soar	75
3.31	Paham Ddim Mynd i'r Cwrdd? Ymddeol	75

4.00	CYFNOD Y PARCH JOHN HUW FRANCIS B.A. (1950-1979)	88
4.01	Galw Heddychwr	88
4.02	Plant Amddifad	89
4.03	Sefydlu Cymdeithas y Chwiorydd (1952)	90
4.04	Galw am Fwy o Ffyddlondeb	91
4.05	Cyngor yr Undeb yn y Tabernacl	91
4.06	Cwarter Canrif yn y Weinidogaeth. Apêl am Fwy o Ffyddlondeb	92
4.07	Adnewyddu Soar (1959/60)	92
4.08	Cofio'r Troi Mas	93
4.09	Teyrnged i'r Parch Gwilym Higgs	94
4.10	Y Gymdeithas Weithgar	94
4.11	Adnewyddu Tabernacl (1966) ond Angen Adfywiad Ffyddlondeb	95
4.12	Degawd Drafferthus	96
4.13	Caniadaeth y Cysegr o'r Tabernacl	97
4.14	Rhagor o Ddathlu	97
4.15	Gwyliau	99
4.16	Canmlwyddiant y Tabernacl (1974). Pasiant yr Ifanc a'r Plant	99
4.17	Gofalaeth Newydd	100
4.18	Ymddeoliad y Parch J Huw Francis B.A.	101
4.19	Marwolaeth y Prif Organydd	102
4.20	Gwasanaeth Angladd Olaf yng Nghapel Soar (1981)	102

5.00	CYFNOD Y PARCH TOM DEFIS B.D. (1981-1993)	121
5.01	Galw y Parch Tom Defis	121
5.02	Caniadaeth y Cysegr o'r Tabernacl	121
5.03	Sioeau Cerdd	122
5.04	Cymorth Dyngarol i Bobl y Trydydd Byd	122

	5.05	Apel am Bresenoldeb, am Wirfoddolwyr ac am Gyfraniadau	123
	5.06	Crefydd ar Drai	123
	5.07	Tywydd Stormus a Phrinder Pregethwyr	124
	5.08	Y Plant yn Cynnig Gobaith	124
	5.09	Gwerthu Tai Soar. Dathlu Sefydlu Cymdeithas y Chwiorydd	125
	5.10	Eglwysi'r Dref yn Cydweithio	125
	5.11	Chwaraeon i'r Plant	126
	5.12	Y Parch Tom Defis B.D. yn Gadael	126
	5.13	Diwedd yr Hufenfa	126
6.00		CYFNOD Y PARCH LLEWELYN P. JONES B.Sc., M.Ed. (1995-1999)	139
	6.01	Ymdrech Deg y Gweinidog Newydd	139
	6.02	Yr Oedfa Olaf yn Soar (1998)	140
	6.03	Y Gweinidog am Symud	140
7.00		CYFNOD HEB WEINIDOG (1999-2002)	152
	7.01	Ail Godi'r Clwb Ieuenctid ond Dymchwel Soar	152
8.00		CYFNOD Y PARCH JILL-HAILEY HARRIES (2002-2011)	159
	8.01	Ysgol Sul yn Denu	159
	8.02	Beth yw Llwyddiant?	159
	8.03	Newid y Drefn a Gweithio Gyda'r Ieuenctid	159
	8.04	Cefnogi Undeb	160
	8.05	Yr Economi a Chrefydd ... Dirywiad yw'r 'Norm'	160
	8.06	'Ble mae Swyddogion y Dyfodol?	160
	8.07	Ymweliad yr Undeb	161
	8.08	Y Gweinidog yn Diolch i Eglwys y Tabernacl	162
9.00		CYFNOD Y PARCH GUTO LLYWELYN (2013–)	169
	9.01	Blwyddyn o Gydweithio	169
	9.02	Gweinidog Newydd	169
	9.03	Anrhydeddu Dau. Y Beibl Byw	170
	9.04	Arbrofi	171
Diaconiaid			191
Rhai Swyddogion			193
Aelodaeth y Tabernacl dros y Degawdau			195
Llinell Amser			196
Nodiadau			201

RHAGAIR

Gwahoddiad gan ddiaconiaid y Tabernacl i roi hanes yr Eglwys ar bapur arweiniodd at y llyfr hwn.

Ar ôl cytuno i ymgymryd a'r her a chan gofio mai pobl ac nid adeilad yw Eglwys aethpwyd ati i gasglu gwybodaeth er ceisio yn gyntaf daflu golau ar darddiad y grefydd anghydffurfiol a lifeiriodd dros Gymru, yn enwedig yn y ddeunawfed ganrif a'r un ganlynol, ac sy'n dal i ysbrydoli eglwysi megis y Tabernacl hyd y dydd heddiw, ac yn ail i fanylu ar ddatblygiad Eglwys y Tabernacl o ddyddiau Soar i'r presennol.

Mae dwy ysgrif ar 'hanes y Tabernacl' yn bodoli eisoes, un gan Mrs Elsie Francis (1974) a'r llall gan Mrs Olwydd James (1976). Bu'r ddwy ysgrif yn dra gwerthfawr wrth baratoi'r llyfr hwn. Daeth ysgrif Mrs Francis i fodolaeth ar ôl dathlu canmlwyddiant agor y capel ac mae'n rhoi braslun hynod ddiddorol o ddatblygiad annibyniaeth yn yr ardal. Fel aelod oes o'r Tabernacl mae disgrifiadau Mrs James o'i phrofiadau, er enghraifft, fel aelod o'r Ysgol Sul yn y 1920au a'r 1930au ac fel ysgrifennydd y Gymdeithas Ddiwylliannol yn ddiweddarach yn rhoi darluniau byw i ni o rai o weithgareddau'r Eglwys dros gyfnod o hanner canrif.

Llwyddwyd i ddod o hyd i Adroddiadau Blynyddol y Tabernacl yn ymestyn yn ôl yn ddi-fwlch hyd 1933 ynghyd a rhai 1923 a 1921; yr adroddiadau hyn yw sail hanes yr Eglwys a geir yn y llyfr hwn am y cyfnod o 1933 i'r presennol.

Cyn hynny, o amser agor y capel ym 1874 hyd 1914, prif ffynhonnell gwybodaeth am yr Eglwys yw papurau newyddion megis *Y Tyst a'r Dydd* lle ymddangosodd adroddiadau am weithgareddau'r Eglwys yn rheolaidd a'r mwyafrif ohonynt o law William Scourfield, Ysgolfeistr Ysgol y Bwrdd yn yr Hendy-gwyn a diacon yn y Tabernacl a fu farw ym 1914. Ffynhonnell werthfawr arall o fanylion rhyfeddol am eglwysi annibynol Sir Gâr yn y dyddiau cynnar hyd y bedwaredd ganrif ar bymtheg yw Cyfrol III o'r gyfres Hanes Eglwysi Annibynol [*sic*] Cymru a gyhoeddwyd ym 1873 a hefyd Cyfrol V o'r un gyfres a gyhoeddwyd ym 1891. Ac wrth gwrs mae llyfr ardderchog R. Tudur Jones sef, *Hanes Annibynwyr Cymru*, a gyhoeddwyd ym 1966, yn ddarllen hanfodol ar gyfer paratoi llyfr fel hwn.

Diolch i'r Parch Guto Llywelyn am ei hynawsedd cyson ac am ei waith diwyd a di-ildio yn dod o hyd i'r adroddiadau blynyddol ac am gasglu crugyn o luniau fydd yn sicr o gyfoethogi'r llyfr fel dogfen hanesyddol. Diolch i bawb wnaeth fenthyg eu heiddo ac er mai peth peryglus yw dechrau enwi pobl rwyf am ddiolch i Miss Meryl

James, Mrs Margaret Titterton, Miss Elizabeth White a Mr Gerwyn Williams am eu cyfraniadau arbennig yn didoli'r pentwr lluniau.

Diolch i'm gwraig Lon am ei chefnogaeth a'i hamynedd.

Diolch hefyd i staff cwmni Argraffwyr a Dylunwyr Dinefwr am eu gwaith graenus a'u cymorth parod.

Os oes camgymeriadau yn y llyfr, arna i mae'r bai ac rwyn ymddiheurio.

Denley Owen,
Gorffennaf 2019

Yr Awdur

Ganwyd a magwyd Denley Owen yn Nyffryn Taf, Plwyf Llanboidy. Cafodd ei addysg ffurfiol yn Ysgol Sul Cefnypant, Ysgol Gynradd Penygaer, Ysgol Ramadeg Hendygwyn a Choleg y Brifysgol Abertawe. Ar ôl gyrfa ym myd gwyddoniaeth ac addysg aeth ati ar ôl ymddeol i ymchwilio i hanes lleol. Hwn yw ei bumed llyfr yn dilyn Powell Maesgwynne (2012), Taf Valley Lives (2015), Llanboidy: Model Bentref (2016) ac Ar Droed yn Nyfed: Bywyd ac Amserau Griffith Havard (2017).

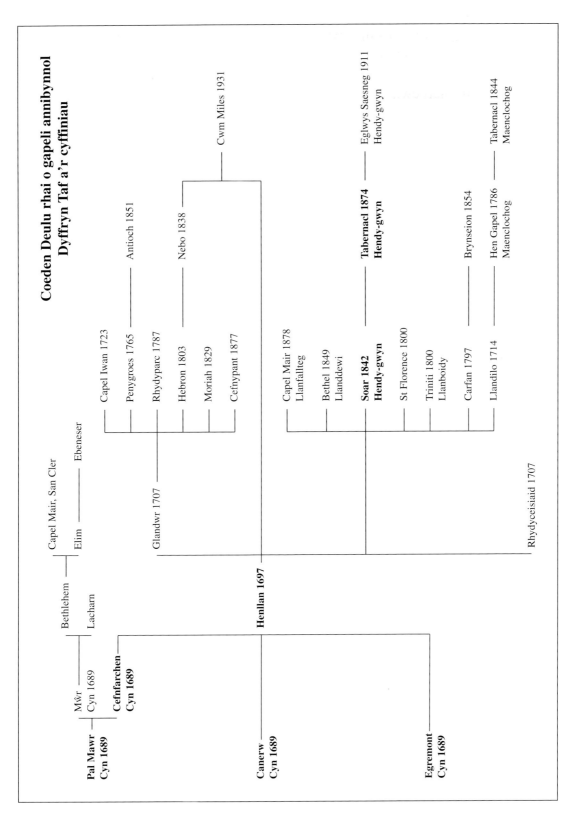

Coeden Deulu rhai o gapeli annibynnol
Dyffryn Taf a'r cyffiniau

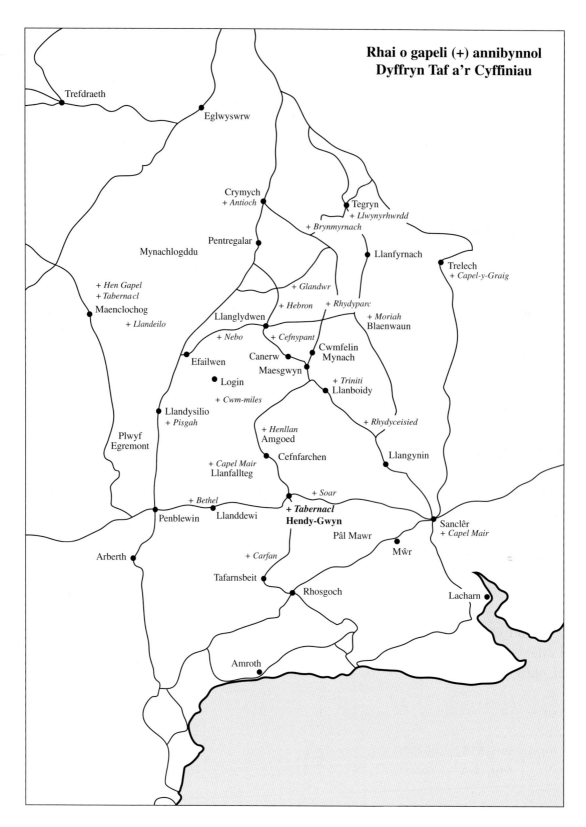

Rhai o gapeli (+) annibynnol
Dyffryn Taf a'r Cyffiniau

Trefdraeth

Eglwyswrw

Crymych
+ *Antioch*

Tegryn
+ *Llwynyrhwrdd*

+ *Brynmyrnach*

Pentregalar

Mynachlogddu

Llanfyrnach

Trelech
+ *Capel-y-Graig*

+ *Hen Gapel*
+ *Tabernacl*

+ *Glandwr*

Maenclochog

+ *Hebron*

+ *Rhydyparc*

+ *Moriah*

Blaenwaun

+ *Llandeilo*

Llanglydwen

+ *Nebo*

+ *Cefnypant*

Cwmfelin
Mynach

Efailwen

Canerw

Maesgwyn

Login

+ *Cwm-miles*

+ *Triniti*

Llanboidy

Llandysilio
+ *Pisgah*

+ *Henllan*

Amgoed

+ *Rhydyceisied*

Plwyf
Egremont

Cefnfarchen

Llangynin

+ *Capel Mair*
Llanfallteg

+ *Bethel*

+ *Soar*

+ ***Tabernacl***
Hendy-Gwyn

Penblewin

Llanddewi

Sanclêr
+ *Capel Mair*

Pâl Mawr

Arberth

+ *Carfan*

Mŵr

Tafarnsbeit

Rhosgoch

Lacharn

Amroth

~ 1 ~

CYFLWYNIAD

1.01 Yn y Dechreuad

Erbyn adeiladu capel cyntaf Cymru ym 1689 gan Annibynwyr o Brotestaniaid roedd yr hen eglwysi a osodwyd ar hyd a lled y wlad gan seintiau megis Dewi, Teilo ac Illtud wedi treulio mil o flynyddoedd o dan reolaeth y Pab yn Rhufain a chanrif a hanner ymhellach o dan reolaeth teyrn Lloegr. Cythryblus dros ben fu'r can mlynedd a hanner diwethaf oherwydd i ymyrraeth Harri VIII ym materion eglwysig ddigwydd ar adeg pan oedd syniadau Protestanaidd ar droed a oedd yn herio y status quo Gatholig.

1.02 Cyfnod Harri VIII

Pan wrthododd y Pab hawl i Harri VIII, brenin Lloegr, ysgaru ei wraig Catherine o Aragon er mwyn iddo fedru priodi Anne Boleyn diddymodd Harri awdurdod y Pab dros yr eglwys yn Lloegr ym 1535 ac fe apwyntiodd ei hunan yn ei le. Doedd dim bwriad gan y brenin i newid dysgeidiaeth Gatholig yr eglwys i un Brotestanaidd – cred oedd yn ymwrthod a llawer o ddysg a threfn yr Eglwys Babyddol Rufeinig ac un oedd yn datblygu'n gyflym ers i Martin Luther hoelio ei achwynion yn erbyn Catholigiaeth ar ddrws eglwys Wittenberg ym 1517.

Beth bynnag am agwedd y brenin roedd yn anochel y byddai syniadaeth newydd Luther yn dod o hyd i gefnogaeth yn ardaloedd poblog Lloegr ac yn enwedig ymysg ei phrifysgolion. Felly y bu ac ar orchymyn Harri fe losgwyd dros hanner cant o hereticiaid yn Lloegr yn ystod deng mlynedd olaf ei deyrnasiad. Yng Nghymru, er bod y wlad wedi ei huno a Lloegr ym 1536 ac er bod Thomas Capper o Gaerdydd wedi ei losgi yn y dref fechan honno (poblogaeth tua 1,000) fel heretic cyntaf Cymru ym 1542, digon llugoer oedd ymateb trwch y boblogaeth (tua 278,000 – tebyg i ddinas Abertawe heddiw) a'u dewis hwy oedd bodloni ar fod yn deyrngar i'r goron.

1.03 Cyfnod Edward VI

Ym 1547 olynwyd Harri gan ei fab naw mlwydd oed fel y brenin Edward VI. Roedd gan Edward gynghorwr oedd yn Brotestant penboeth a hwnnw gyhoeddodd y fersiwn gyntaf o'r Llyfr Gweddi Saesneg ym 1549. Ym 1553 cafwyd cyfieithiad Cymraeg o lithiau o'r llyfr gweddi dan yr enw 'Kynniver Llith a Ban' gan William Salesbury a oedd, flwyddyn ynghynt, wedi cyhoeddi 'Ban wedi ei dynnu o Gyfraith Hywel Dda' lle ceisiodd Salesbury brofi y byddai cyfraith Hywel yn caniatau clerigwyr i briodi – hawl oedd wedi ei chaniatau yn Eglwys Loegr ym 1549. Ym 1553 cyhoeddwyd fersiwn llawer mwy Protestanaidd o'r Llyfr Gweddi Saesneg. Yn hwn cefnwyd ar y gred fod y bara a'r gwin yn troi'n gnawd a gwaed trwy gyfrwng yr offeren. Gan mai'r gwahaniaeth rhwng yr offeren a'r gwasanaeth cymun yw craidd y gwahaniaeth rhwng Protestaniaeth a Chatholigiaeth Rufeinig dyma sefydlu Eglwys Loegr yn un Brotestanaidd.

1.04 Cyfnod Mari Waedlyd

Bu farw Edward VI ym 1553 a dilynwyd ef gan ei hanner chwaer Mari, merch Catherine o Aragon a rhonc ei Chatholigiaeth ac yr oedd yn benderfynol o ailsefydlu'r grefydd yn ei theyrnas sef Lloegr (ers y ddeddf uno 1536 ystyrid bod Cymru yn gynwysiedig yn yr enw Lloegr). Aeth Mari ati i gael gwared o hereticiaid a llosgwyd tua tri cant – y mwyafrif ohonynt o Lundain ond yr oedd tri o Gymru – White yng Nghaerdydd, Nichol yn Hwlffordd a Ferrar, esgob Tŷ Ddewi, yng Nghaerfyrddin (tref fwyaf Cymru ar y pryd a'i phoblogaeth tua 2000). Mae'n debyg bod trwch pobl Cymru o blaid gweithredoedd Mari – adlewyrchiad o'u natur geidwadol ac o fywyd gwledig anghysbell y mwyafrif. I lawer o feirdd y cyfnod y 'grefydd Seisnig' oedd Protestaniaeth. Trwy drugaredd daeth teyrnasiad Mari waedlyd i ben ym 1558 ac fe'i holynwyd gan ei hanner chwaer a merch Anne Boleyn, sef Elizabeth I.

1.05 Cyfnod Elizabeth I

Ail sefydlu 'Catholigiaeth ddi-Bab', sef delfryd ei thad, oedd dymuniad Elizabeth ond yn wyneb y ffaith bod Protestaniaeth wedi gwreiddio'n ddwfn yn y sefydliad eglwysig, cyfaddawdu wnaeth Elizabeth gan ail-sefydlu'r drefn oedd yn bodoli ar derfyn teyrnasiad ei hanner brawd ym 1553. Cyhoeddwyd trefn gwasanaethau Eglwys Loegr yn Llyfr Gweddi 1559 a diffiniwyd ei hathrawiaeth yn y Deugain

Erthygl Namyn Un ym 1563. Derbyniwyd y cyfaddawd gan fwyafrif llethol pobl Cymru a gwywodd y syniad mai'r 'Grefydd Seisnig' oedd Protestaniaeth.

Roedd unffurfiaeth grefyddol yn holl bwysig i'r awdurdodau ac er sicrhau hyn yng Nghymru aethpwyd ati i gyhoeddi fersiwn Gymraeg o'r Testament Newydd. Ym 1567 ym mhalas yr Esgob yn Abergwili ger Caerfyrddin aeth Esgob Tŷ Ddewi, Richard Davies, ati i roddi'r cyhoeddiad at ei gilydd. Roedd yr Esgob ynghyd ag offeiriad yn eglwys Abergwili o'r enw Thomas Huet wedi gwneud peth o'r cyfieithu ond William Salesbury oedd yn gyfrifol am 85 y cant o'r gwaith. Un mlynedd ar hugain yn ddiweddarach cyhoeddwyd y Beibl yn Gymraeg. William Morgan, ficer Llanrhaeadr ym Mochnant, fu wrthi'n cyfieithu'r Hen Destament a hefyd cywiro rywfaint ar Destament Newydd Salesbury cyn cyfuno'r ddau i wneud y fersiwn gyntaf o'r Beibl yn y Gymraeg.

Ond er bod cyfle nawr i bawb yn ei theyrnas glywed neges y Beibl yn eu dewis iaith, rhwyddach dweud na gwneud oedd sicrhau unffurfiaeth grefyddol i Elizabeth a'i sefydliad. Yn y senedd roedd Piwritaniaid o Anghydffurfwyr yn galw am waredu esgobion o Eglwys Loegr ac roedd grwp arall, yr Ymwahanwyr, yn dadlau dros ddiddymu Eglwys Loegr yn llwyr. Er nad oedd y mudiadau hyn yn gryf yng Nghymru ar y pryd, eto i gyd Cymro o Gefn Brith sir Frycheiniog oedd John Penry a fu'n fyfyriwr yng Nghaergrawnt cyn ymgartrefu yn Llundain. Ymaelododd a'r Ymwahanwyr a chyhoeddodd nifer o bamffledi ymfflamychol yn herio'r drefn eglwysig. Dygwyd ef o flaen ei well ac fe'i crogwyd ym 1593. Ef oedd Anghydffurfiwr (Ymneilltuwr) cyntaf Cymru ac erbyn heddiw ystyrir John Penry yn brif ferthyr Anghydffurfiaeth (Ymneilltuaeth) Cymru.

1.06 Cyfnod James I

Ym 1603 olynwyd Elizabeth gan frenin yr Alban a ddaeth yn James I o Loegr. Protestant oedd y brenin newydd ac ar wahan i ymgais aflwyddiannus y Catholigion i gael gwared ohono gyda'u Cynllwyn y Powdwr Gwn ym 1605 llwyddodd James i gadw trefn lled dda ar ddyheadau'r Catholigion ar un llaw a'r Piwritaniaid o Anghydffurfwyr Protestanaidd ar y llaw arall. Yn ystod ei ddwy flynedd ar hugain o deyrnasu cyhoeddwyd cyfieithiad newydd Saesneg o'r Beibl ar gyfer Eglwys Loegr; fersiwn sy'n cario ei enw hyd heddiw sef y King James Bible.

Hunllef oedd bywyd i'r werin bobl yn y dyddiau hynny. Roeddent yn hollol ddiymadferth yn wyneb afiechydon, stormydd a methiant cynhaeaf; credent eu bod ar drugaredd pwerau dirgel; eu hunig gyfrwng gwybodaeth oedd yr hyn a glywent o enau'r offeiriaid ac er bod rhai offeiriaid yn fwy 'anghydffurfiol' na'r lleill, byrdwn eu neges, byth a beunydd, oedd annog y werin i 'blygu i'r drefn'. Lledaenodd

Ficer Prichard (1579-1644) o Lanymddyfri yr un fath o neges ar ffurf rhigymau ac er mai eglwyswr pybyr ydoedd roedd tipyn o naws biwritanaidd ym mhenillion yr hen ficer.

1.07 Cyfnod Charles I

Olynwyd James I gan ei fab Charles I ym 1625 ac ar ôl pedair mlynedd o anghytuno ffyrnig rhyngddo a'i aelodau seneddol Presbyteraidd (Protestaniaid Calfinaidd) ceisiodd Charles redeg y wlad ar ei ben ei hun – ni bu senedd am un mlynedd ar ddeg. Ym 1640 gorfodwyd ef yn y diwedd i alw senedd ac roedd mwyafrif yr aelodau yn Bresbyteriaid. Deddfwyd i ddiddymu yr angen am unffurfiaeth grefyddol er mawr ryddhad mae'n siwr i'r cynulleidfaoedd o Ymneilltuwyr Crefyddol oedd erbyn hyn yn bodoli mewn dwy ardal yng Nghymru – grwp o Fedyddwyr yn Nyffryn Olchon deuddeg milltir i'r gogledd o'r Fenni yn Esgobaeth Tŷ Ddewi er mai yn Lloegr y gorwedd y dyffryn a grwp o Annibynwyr yn Llanfaches ger Cas-gwent a oedd wedi ei sefydlu fel Eglwys ym 1639: yr Eglwys annibynnol gyntaf yng Nghymru. Ym 1646 neilltuwyd arian o Eglwys Loegr at dalu cyflogau chwe pregethwr teithiol yng Nghymru. Walter Cradoc, un o arweinwyr Annibynwyr Llanfaches, oedd un ohonynt a haerodd hwnnw i'w hymgyrch ledu dros y mynyddoedd fel 'tân mewn to gwellt'. Cymaint oedd dylanwad Cradoc fel y gelwid Piwritaniaid Cymru am genedlaethau yn 'Gradociaid'. Ym 1649 sefydlodd John Miles Eglwys Fedyddiedig gyntaf Cymru yn Llanilltud (Ilston), Bro Gwyr.

1.08 Cyfnod Oliver Cromwell

Dienyddiwyd Charles I yn Ionawr 1649 a daeth gwerinlywodraeth i fodolaeth gyda'r Piwritan Oliver Cromwell yn rhedeg pethau. Daeth tro ar fyd y sectau Anghydffurfiol gan iddynt nawr gael rhwydd hynt i gartrefu o fewn Eglwys Loegr. Cafodd achosion Anghydffurfiol hwb pellach ym 1650 pan ddefnyddiwyd arian eglwysig gan bwyllgor o gomisiynwyr i gyflogi ugeiniau o bregethwyr teithiol ac i sefydlu ysgolion ym mhob canolfan drefol o bwys yng Nghymru. Ar yr un pryd diswyddwyd bron i 300 o glerigwyr a ystyrid yn anghymwys gan gomisiynwyr y llywodraeth. Haerodd Cromwell i Dduw ennyn yng Nghymru 'hedyn na fu ei debyg er yr oesoedd bore'. Yr Annibynwyr a elwodd fwyaf ond cynyddodd cynulleidfaoedd y Bedyddwyr hefyd. Ar yr un pryd cafwyd peth cynnen o fewn yr enwadau; er engraifft holltodd y Bedyddwyr yn ddwy garfan – y caeth a'r rhydd. Allan o fwrlwm syniadau'r cyfnod daeth galwad am ddefosiwn mwy dwys – dyna oedd dyhead Morgan Llwyd yn ei gyfrol glasurol 'Llyfr y Tri Aderyn' ym 1653. Pan ddaeth George Fox – sylfaenydd y Crynwyr – ar daith drwy Gymru ym 1657 derbyniwyd ei neges yn frwd yng nghanolbarth y wlad ac hefyd yn ne sir Benfro. Yn ddiweddarach dioddefodd y Crynwyr erledigaeth fwy creulon nac un o'r sectau eraill.

1.09 Cyfnod Charles II

Bu farw Oliver Cromwell ym 1658 a cymerwyd ei le fel pennaeth y werinlywodraeth gan ei fab Richard. Pan ymddiswyddodd hwnnw flwyddyn yn ddiweddarach penderfynwyd adfer y frenhiniaeth a gwahoddwyd mab Charles I i fod yn frenin fel Charles II. Ond cwtogwyd ar rym y brenin drwy sicrhau na fedrai reoli heb gydsyniad y senedd. Ar yr un pryd adferwyd Eglwys Loegr fel yr Eglwys sefydledig a thrwy hynny dynnu'r gwynt o hwyliau'r Presbyteriaid a'r Anghyffurfwyr yn gyffredinol. Pasiwyd Deddf Unffurfiaeth ym 1662 (186 pleidlais i 180) oedd yn mynnu unffurfiaeth yng ngwasanaethau'r Eglwys drwy orfodi defnydd o'r Llyfr Gweddi Cyffredin ym mhob gwasanaeth crefyddol a thaflwyd allan o'u lleoedd y clerigwyr na fynent blygu i'r drefn. Ymysg y 78 offeiriad a daflwyd allan yng Nghymru roedd 8 o sir Gaerfyrddin yn cynwys William Jones, Cilmaenllwyd, Stephen Hughes o Feidrym a Rees Prydderch hefyd o Feidrym. Ym 1664 pasiwyd deddf oedd yn gwneud cyfarfod o 5 person neu fwy at y pwrpas o gynnal gwasanaeth crefyddol yn anghyfreithlon. Ac ym 1665 deddfwyd i wahardd gweinidogion anghydffurfiol rhag byw o fewn 5 milltir i blwyf y taflwyd hwy allan ohono.

Er gwaethaf y deddfau mynnai'r Anghydffurfwyr ddod at eu gilydd i addoli ac i osgoi erledigaeth gan yr awdurdodau gwnaethant ddefnydd o ffermydd anghysbell megis Canerw, plwyf Llanboidy a Pal Mawr, plwyf Cyffig ynghyd ag ogofau fel rhai Cwmhwplin, Pencader a Chraig-yr-Wyddon, Pentretygwyn ger Llanymddyfri. Mae'n werth sylwi mai carfan fechan oedd Anghydffurfwyr Cymru yr amser hynny – tua 5 y cant o boblogaeth y wlad yn ôl Cyfrifiad Crefyddol 1676. Ond dyma'r bobl a osododd seiliau'r diwylliant Anghydffurfiol Cymraeg a fyddai'n rhan ganolog o brofiad y Cymry mewn cenedlaethau i ddod.

Y bregeth oedd craidd gweithgarwch yr Anghydffurfwyr. Gan fod pregethwyr yn brin sefydlwyd ymddiriedolaeth – y Welsh Trust – ym 1674 i efengylu ymhlith y Cymry o dan arweiniad Thomas Gouge, clerigwr o Lundain a daflwyd allan o'i ofalaeth ym 1662. Bwriad Gouge oedd trwytho plant Cymry yn yr iaith Saesneg yn yr ysgolion a sefydlwyd gan y Welsh Trust – un yn Llanboidy – er mwyn iddynt fedru darllen llyfrau defosiynol Saesneg. Ond mynnodd Stephen Hughes, arweinydd Annibynwyr sir Gaerfyrddin, bod Gouge yn neilltuo peth arian at gyhoeddi llyfrau defosiynol yn y Gymraeg, ac ymhlith cyhoeddiadau Hughes oedd y llyfr hynod ddylanwadol 'Taith y Pererin' (1688), argraffiad 1681 o 'Cannwyll y Cymry' gan Rhys Prichard ac 8,000 o Feiblau ym 1678 a 10,000 ychwanegol ym 1690.

1.10 Anghydffurfiaeth a Datblygiad Cenedl y Cymry

Cafodd y deddfau gwrth-Anghydffurfiaeth, a nodwyd uchod, effaith pell gyrhaeddol a sylfaenol bwysig ar ddatblygiad cenedl y Cymry. Yr unig ffordd i osgoi erledigaeth oedd mynd yn ôl i Eglwys Loegr at y Bonedd a'u Seisnigrwydd, ac felly y bu yn hanes y bydol a'r uchelgeisiol. Y gweddill o'r boblogaeth sef aelodau rhengoedd canol cymdeithas – y crefftwyr a'r tyddynwyr ynghyd a'r gweithwyr – lanwodd seddau capeli anghydffurfiol Cymru a chan mai di-Saesneg oedd y bobl hyn, datblygodd Anghydffurfiaeth yng Nghymru yn fudiad trwyadl Gymraeg.

1.11 Canerw, Pâl Mawr ac Egremont

Lleddfwyd ychydig ar yr erledigaeth gyda chyhoeddiad Charles II ym 1672 sef 'Declarasiwn i Atal y Deddfau Cosb'. Roedd tipyn o gydymdeimlad gan Charles II tuag at Gatholigiaeth (fe'i derbyniwyd yn aelod o Eglwys Rufain ar ei wely angau ym 1685) ac ar gyfer y Catholigion yn bennaf y bwriadwyd y 'Declerasiwn' ond manteisiodd yr Anghydffurfwyr ar y cynigion. Caniatwyd trwyddedu pregethwyr ac aneddleoedd lle gellid pregethu ynddynt. Yn y rhan yma o'r wlad trwyddedwyd Canerw, plwyf Llanboidy, Pâl Mawr, plwyf Cyffig a thŷ ym mhlwyf Egremont. Yn ôl un adroddiad Canerw oedd y tŷ cyntaf yng Nghymru i dderbyn trwydded o'r fath. Stephen Hughes o Feidrym, arweinydd yr Annibynwyr yn sir Gaerfyrddin, oedd fwyaf gyfrifol am drwyddedu'r Tai Cwrdd ac ychydig cyn ei farw ym 1688 ordeiniodd bedwar gweinidog i ofalu am ddiadelloedd y Sir sef David Penry yn Llanedi, Rees Prydderch yng Nghefnarthen, Pentre-ty-gwyn, William Evans ym Mhencader ac Owen Davies yng Nghanerw, yn y Pâl Mawr ac yn Egremont. Ac yna aeth y llywodraeth gam ymhellach drwy ganiatau i Brotestaniaid gynnal gwasanaethau yn ddi-rwystr o dan Deddf Goddefiad 1689. Roedd y Chwyldro Gogoneddus yn digwydd ar y pryd a'r Protestant William o Orange ar fin disodli ei dad-yng-nghyfraith y Catholic James II fel brenin Lloegr.

1.12 Adeiladu Henllan (1697)

Aeth yr Anghydffurfwyr ati yn ddiymdroi i adeiladu capeli. Ar sail y wybodaeth yn

'Hanes Eglwysi Annibynol (sic) Cymru Cyfrol III' capel yr Annibynwyr, Cefnarthen ger Llanymddyfri, a adeiladwyd ym 1689, oedd y capel cyntaf yng Nghymru. O un i un daeth y Capeli Ymneilltuol yn rhan o fywyd cymdeithasol Cymru ac felly y bu am ddau can mlynedd a hanner ac nid oes amau gwirionedd geiriau T. Rowland Hughes am ddylanwad y capeli ar y cenedlaethau hyd ganol yr ugeinfed ganrif:

'…yn flychau sgwar, afrosgo, trwm…'

'hwy a'n gwnaeth,
o'r blychau hyn y daeth
ennaint ein doe a'n hechddoe ni,
os llwm eu llun, os trwsgl eu trem,
Caersalem, Seion, Soar a Bethlehem.'

Ymatebodd addolwyr Canerw, Pâl Mawr ac Egremont i'w hawl i godi capel drwy chwilio am safle ganolog i adeiladu arno. Ym 1695 llwyddwyd i gael darn o dir ar fferm Caer Emlyn ger pentref Henllan Amgoed at y pwrpas o adeiladu capel a chreu mynwent. Daethpwyd i gytundeb gyda pherchenog y fferm, William Lewis, am brydles ar y tir o bum swllt y flwyddyn am 99 o flynyddoedd. Yn y cyfamser bu farw perchenog fferm Pâl Mawr a daeth i ben yr arfer o gwrdd yno i addoli. Fel canlyniad rhannodd y gynulleidfa ac aeth rhai i gwrdd yn fferm y Mŵr ger Sanclêr a'r lleill i fferm Cefnfarchen nepell o'r safle ar gyfer y capel newydd. Bu newid arall hefyd gan i weinidog cyntaf y diadelloedd, Owen Davies, adael yr ardal ym 1691. Fe'i olynwyd gan Dafydd Lewis o Gynwyl ac efe a ddaeth yn weinidog cyntaf Henllan pan agorwyd y capel newydd ym 1697.

1.13 Glandwr, Rhydyceisiaid a Rhydyparc

Gellid disgwyl bod cryn ryddhad wedi dod i ran aelodau Henllan wrth iddynt gyrchu i addoli yn hollol gyfreithiol o'r diwedd ar ôl blynyddoedd o erlid ac felly y bu mae'n debyg am yr wyth mlynedd gyntaf. Ond yn dilyn marwolaeth Dafydd Lewis tua 1705 datblygodd anghydfod chwerw rhwng dwy garfan o'r aelodau ar sail diwinyddiaeth a threfn eglwys. Ffermwyr-bregethwyr oedd arweinyddion y ddwy blaid, Lewis Thomas, Bwlchsais, ger Glandwr, Plwyf Llanfyrnach a David John Owen, Pwllyhwyaid, Hendy-gwyn. Roedd Lewis Thomas yn Uchel-Galfin ei ddiwinyddiaeth ac yn credu mewn trefn annibynnol eithafol i eglwysi unigol. Mwy cymhedrol oedd cred David John Owen; Isel-Galfin ei ddiwinyddiaeth ac yn cefnogi trefn Bresbyteraidd i'r eglwysi. Diwedd y gân fu i Lewis Thomas a'i gefnogwyr adael Henllan ym 1707 a chynnal eu cyfarfodydd mewn tŷ to gwellt ar y safle lle mae capel Rhydyceisiaid heddiw. Ar yr un pryd dechreuodd eraill o braidd Lewis Thomas gyfarfod yn ffermdy Aberelwyn ger pentref Glandwr, Penfro. Agorwyd capel Glandwr ym 1712 a chapel Rhydyceisiaid ym 1724. Ond cyn hynny roedd Henry Palmer, oedd wedi gadael Henllan am Rydyceisied ym 1710, wedi cytuno i dderbyn gwahoddiad i ail-ymuno a Henllan fel gweinidog yr Eglwys ym 1721 – arwydd bod yr anghydfod rhwng y carfanau wedi lleddfu erbyn hyn os nad wedi diflannu yn llwyr.

Ystyrid capel Henllan yn ganolfan i ardal eang oedd yn ymestyn o Landeilo ger Maenclochog i'r Pâl Mawr ac o Lanboidy i Landdewi ac adlewyrchiad o ehangder y dalgylch yw y rhif o 700 a hawliwyd am 'gynulleidfa' Henllan ym 1715. Y werin dlawd oedd mwyafrif y 700 gan mai dim ond 11 ohonynt feddai bleidlais i ethol aelodau i'r Senedd. (Hanes Eglwysi Annibynol (sic) Cymru, Cyf III, Liverpool 1873). Pentref bychan iawn oedd yr Hendy-gwyn ar Daf yn y ddeunawfed ganrif ac mae'n amlwg bod capel Henllan wedi diwallu anghenion crefydd mwyafrif llethol yr annibynwyr yn yr Hendy-gwyn fel y gwnaeth yn yr holl gymunedau o fewn dalgylch wasgaredig Henllan am ganrif gyfan ar ôl adeiladu'r capel ym 1695. Eithriadau oedd Rhydyceisiaid (1724) a Glandwr (1712); adeiladwyd y rhain i fodloni lleiafrif Uchel Galfin eu cred – 30 oedd rhif aelodaeth Rhydyceisiaid ym 1730 – a hefyd Rhydyparc (1787) a godwyd gan sect a ddiarddelwyd o Glandwr am iddynt goleddu credo a ddatblygodd, ar ôl iddynt setlo yn Rhydyparc, i fod yn un Undodaidd.

Ar ôl adeiladu Henllan arferai gweinidogion yr Eglwys gario ymlaen a'r arfer o gynnal gwasanaethau yn ffermdai'r ardal megis Canerw, plwyf Llanboidy a Glanrhyd ger Llanbedr Efelffre, plwyf Cyffig. Ym 1797 penderfynwyd adeiladu capel ger Glanrhyd a'i enwi yn Carfan. Tair mlynedd yn ddiweddarach ym 1800 adeiladwyd trydydd capel i'r Annibynwyr o fewn yr hyn a ystyriwyd fel dalgylch Henllan sef Triniti, ym mhentref Llanboidy – y pentref mwyaf o fewn y dalgylch y pryd hynny.

1.14 Adeiladu Capeli... o ddifrif

Bu oes aur adeiladu capeli o 1800 hyd 1850 pan welwyd, ar gyfartaledd, un capel newydd yn agor bob wyth niwrnod! Erbyn 1851 roedd 2,813 o gapeli yng Nghymru. 'Y datblygiad hynotaf yn ein hanes' yn ôl John Davies yn 'Hanes Cymru'. Dyma'r amser y daeth canu emynau yn fwy-fwy poblogaidd yn enwedig ar ôl cyhoeddi casgliad o emynau Dafydd Jones o Gaeo ym 1753 ac aethpwyd ati i ddysgu canu drwy ddefnyddio'r sol ffa. Dilynwyd hyn oll gan gynnydd mawr yn aelodaeth y capeli anghydffurfiol. Daeth y capel yn ganolbwynt bywyd newydd yn y gymdeithas. Ychwanegwyd mathau eraill o gyfarfodydd at 'yr oedfa' draddodiadol, er enghraifft cyfarfodydd cymdeithasol fel 'y cwrdd te' a rhai diwylliannol megis darlithiau a chyngherddau. Allan o'r ysgol Sul tyfodd y gymanfa bwnc yn ddigwyddiad blynyddol sylfaenol bwysig i'r gymdeithas. Pan ddisodlwyd canhwyllau brwyn gan nwy fel modd i oleuo adeiladau bu cynnydd enfawr yn y cyfarfodydd gynhaliwyd gyda'r hwyr. Tua canol y ganrif gwelwyd twf yn nifer y cyfarfodydd cystadleuol megis eisteddfodau a 'penny readings'. Ond roedd tlodi mawr yn y gymdeithas ac er clod iddynt bu'r anghydffurfwyr yn fawr eu gofal am y difreintiedig. Un o'r amlycaf ymysg yr annibynwyr yn ei weithgaredd dros y tlodion oedd gweinidog Henllan y Parchg Joshua Lewis a sefydlodd Glwb Dillad yno ym 1844.

Ers adeiladu capel Henllan ym 1697 roedd Annibynwyr Hendy-gwyn ar Daf wedi cyrchu yno ar y Sul dros ffyrdd oedd yn rhy arw i drap a poni, felly âi rhai ar droed ac eraill ar geffylau – y gwyr ar gyfrwy neu hebddo a'r gwragedd wrth eu sgîl neu ar gyfrwy-ochr gyda safgart hir. Deuent a'u cinio yn eu pocedi a chlyment y ceffylau naill a'i wrth y clawdd neu wrth y mur hyd nes byddai'r gwasanaeth drosodd. Roedd yn olygfa gofiadwy i'w gweld yn mynd ar fore Sul yn rhes drwy'r Hendy-gwyn i'r cyrchfan yn Henllan.[1]

1.15 Adeiladu Soar (agorwyd 1842)

Ar ôl adeiladu Henllan cadwyd ymlaen i gynnal oedfaon mewn tai preswyl ac un o'r rhai hynny oedd tafarn 'Y Swan' yn Spring Gardens, Hendy-gwyn, cartref gŵr o'r enw Ben Griffiths. Cynhaliwyd 'cyrddau bach' hefyd yn Ysguborfawr, Cilypost, Llwyndrysi, Pwllhwyaid, Passby ac yn efail y gof, Y Fforge, a oedd ger yr Abaty. Pwrpas y 'cyrddau bach' oedd cymell a rhoi profiad i fechgyn ifanc i ddod ymlaen a phenlinio wrth gadair i ymarfer a dysgu gweddio. Yn nes ymlaen yn oes y capeli arferid cynnal y 'cyrddau bach', dan ofal un o'r diaconiaid, cyn y cwrdd bore.

Teulu Duwiol y Morganiaid oedd yn byw yn Y Fforge a trowyd tŷ glo yr efail yn gapel bychan a elwid Y Capel Bach er bod rhai yn ei alw yn Tŷ Ffwrnes. Cynhelid ynddo gwrdd yn Sabbothol ac wythnosol. Cadwai gweinidogion Henllan, John Lloyd a Joshua Lewis, olwg ar yr Eglwys fechan frwd hon a deuai rhai o bregethwyr gorau Cymru i gynnal gwasanaethau yn Y Capel Bach. Er enghraifft, cofiwyd yn hir am bregeth danllyd gan yr enwog Williams o'r Wern. Yn ystod ei berfformiad sylwodd Williams bod un gŵr yn y gynulleidfa yn cysgu o'i flaen. Gwaeddodd allan, 'Dyna ddyn na theimlodd air Duw o'r blaen; ond fe gaiff ei deimlo nawr!' Cydiodd Williams yn y Beibl a meddyliodd y bobl a'r dyn ei hunan fod y pregethwr am daflu'r Beibl ato! 'Ni bu cysgu yn agos i'r brawd hwnnw o hynny hyd ddiwedd yr oedfa!'

Yn y flwyddyn 1837 cafwyd darn o dir ar fferm y Regwm am brydles o 2/6d (13c) y flwyddyn am 999 mlynedd gan y perchenog Mr T.R. Thomas, Lampeter House, Llanbedr Efelffre ar gyfer adeiladu capel. Roedd bwthyn o'r enw Ietgoch a stabl yn ffinio gyda'r darn tir ac ym 1859 ychwanegwyd y rhain at ddogfen-hawlfraint y darn tir. O 1860 ymlaen cynhaliwyd ysgol yn y bwthyn a tua'r un amser crewyd bwthyn arall allan o'r stabl. Maen debyg na godwyd y capel newydd am rai blynyddoedd ar ôl sicrhau'r darn tir oherwydd pan ymwelodd y Parchg Joshua Lewis a'r ardal ym 1839, yn y Fforge y pregethodd sy'n awgrymu nad oedd capel ar gael. Beth bynnag am hynny cafwyd adroddiad cynhwysfawr yn rhifyn mis Mawrth 1842 o'r Diwygiwr am agoriad swyddogol y capel a enwyd Soar ar y 1 a'r 2 o Fawrth 1842. Ymysg y saith gweinidog wnaeth bregethu dros y ddau ddiwrnod roedd dau o fawrion yr Annibynwyr ar y pryd sef y Parchedigion John Davies (Sion Gymro) Glandwr a Moriah a John Evans, Hebron a Nebo.[2]

Cynhaliwyd cwrdd chwarterol yn Soar ym 1848. Dros ddiwrnod a hanner cafwyd deuddeg pregeth ac un o rheiny yn yr iaith Saesneg. Bu y lle mewn cysylltiad a Henllan ac o dan weinidogaeth y ddau weinidog oedd yno ar y pryd, sef y Parchg John Lloyd a'i gynorthwyydd y Parchg Joshua Lewis, hyd y flwyddyn 1849 pryd y penderfynwyd dad-gysylltu o Henllan ac ymuno gyda Carfan o dan weinidogaeth y Parchg David Phillips oedd wedi bod yn Carfan ers 1847. Urddwyd David Phillips yn weinidog Soar ar 3 a 4 Awst 1849. Dwy flynedd yn ddiweddarach priododd David Phillips a Martha Williams, Pantyffynon ger Henllan. Ond ymhen deg mis bu Martha farw yn 39 mlwydd oed ar enedigaeth plentyn; collwyd y plentyn hefyd. Dioddefodd David Phillips o afiechyd ar hyd ei fywyd ac ymhen chwe blynedd bu yntau farw pan oedd ddim ond yn 36 mlwydd oed. Fe'i claddwyd yn Carfan. Yn rhyfedd iawn mae'r ysgrifen ar garreg fedd David Phillips yn Saesneg. Er, yn hyn o beth, rhaid dweud mai Saesneg a welir ar gerrig beddau cyn-weinidogion Henllan megis John Lloyd (marw 1850), Henry Palmer (m 1742) a David Owen (m 1710). Mae yr un peth yn wir am gerrig beddau aelodau o rai teuluoedd oedd yn cael eu hadnabod fel rhai ychydig well-na'u-gilydd megis Morganiaid y Fforge fel John Lloyd Morgan (marw 1835), David Morgan (m 1831) a John Morgan, Cilgynydd (m 1826).

Yn ystod cyfnod David Phillips fel gweinidog Soar cynhaliodd y llywodraeth Gyfrifiad Crefyddol i weld maint y gynulleidfa a fynychai'r capeli a'r eglwysi ynghyd a rhai manylion eraill. Cymerwyd yr ystadegau ar ddydd Sul 30 Mawrth 1851 a John Thomas, Fforest fu'n gyfrifol am ystadegau Soar. Dangosodd y ffigyrau bod 250 o aelodau a gwrandawyr yn bresennol yng nghwrdd bore Soar a 150 wedi mynychu'r Ysgol Sul yn y prynhawn. Fel arfer, ar gyfartaledd, 140 oedd yn y cwrdd bore a 130 yn yr Ysgol Sul. Yn ôl y ffigyrau 53 o seddau oedd yn y capel ac roedd

10

lle i 300 sefyll ar eu traed. Datgelwyd ymhellach mai tua £200 oedd cost adeiladu'r capel a bod adeilad yr ysgol ddyddiol wedi costio tua £80. Yr arian i gyd wedi dod yn rhoddion gwirfoddol.

1.16 Galw am Weithredu'r Efengyl Gymdeithasol

Fel y nodwyd yn barod roedd y capeli anghydffurfiol erbyn dechrau'r bedwaredd ganrif ar bymtheg yn fwy na llefydd i addoli, roeddent yn ganolfannau cymdeithasol pwysig ac yn naturiol edrychai'r bobl at eu gweinidogion am arweiniad ar sut i ddelio a phroblemau bywyd-bob-dydd mewn ffyrdd nad oedd yn gofyn iddynt 'blygu i'r drefn' yn y byd hwn ac i edrych ymlaen am eu gwobr yn y byd nesaf. Na! Roedd yn bryd gweithredu yr efengyl gymdeithasol.

Roedd y Parchg Joshua Lewis a'i Glwb Dillad yn Henllan wedi dangos y ffordd. Ond o gofio mai cymdeithas mewn argyfwng oedd cymdeithas amaethyddol de-orllewin Cymru yn hanner cyntaf y bedwaredd ganrif ar bymtheg dim rhyfedd iddynt weiddi 'digon-yw-digon' a gwrth-ryfela fel Merched Beca ym 1839 pan geisiodd yr awdurdodau fynd a rhagor o'u harian prin mewn tollau am ddefnyddio hewlydd y wlad. Ffermwyr ardaloedd y Preselau a phlwyf Llanboidy oedd y cyntaf i ddangos eu rhwystredigaeth drwy falu iete-toll Efailwen a Maesgwyn. Yn ddiweddarach ail-adroddwyd y ddrama pan chwalwyd iete-toll yn Nhre Fechan, Hendy-gwyn ac yn ardaloedd Llanddowror a Sanclêr. Cwyn fawr y werin oedd nad oedd neb i siarad drostynt yng nghoridorau grym: yr ynadon, sef y gwyr-mawr a'r offeiriaid, benderfynnai ar yr ychydig bethau oedd i'w rheoli yn lleol – y dreth, heolydd a phlismona – a'r gwyr-mawr yn unig eisteddai ar seddau esmwyth y tŷ cyffredin: y lleiafrif bonedd anglicanaidd Saesneg eu hiaith yn rheoli, ond ddim yn cynrychioli, mwyafrif y boblogaeth sef y werin anghydffurfiol Cymraeg eu hiaith. Un datblygiad gobeithiol i'r anghydffurfwyr oedd penderfyniad yr enwadau i gyhoeddi papurau wythnosol neu fisol fyddai'n cynnig cyfrwng cyhoeddus i leisio barn. Ym 1835 lansiwyd y Diwygiwr gan yr Annibynwyr gyda'r Parchg David Rees, Capel Als, Llanelli, genedigol o Drelech, yn olygydd. Er ei fod yn annog y werin i 'gynhyrfu' yn erbyn gorthrwm yr awdudrdodau, byrdwn neges David Rees oedd mai drwy adeiladu eu nerth gwleidyddol oedd sicrhau cyfiawnder: rhaid oedd trosglwyddo awenau llywodraeth o ddwylo'r gwyr-mawr i ddwylo'r werin.

~ 2 ~

CYFNOD Y PARCH WILLIAM THOMAS
(1855-1908)

2.01 Galw y Parchg William Thomas

Yng nghyswllt neges David Rees roedd datblygiad pellgyrhaeddol ar ddigwydd yn Soar. Yn naturiol nid oedd cynulleidfa Soar i wybod ar y pryd… ond ym 1855 roeddynt am wneud cymwynas aruthrol a gwerin gorllewin Cymru wrth wahodd yn fugail arnynt ŵr ifanc a fyddai'n datblygu nid yn unig yn bregethwr mawr ond hefyd yn arweinydd gwleidyddol radical fyddai'n llais i ddyheadau'r werin yng ngorllewin Cymru ac un oedd yn benderfynnol o weithredu yn ôl cyfarwyddyd David Rees.

Ond gweithred gyntaf aelodau Soar ym 1855 oedd rhyddhau yr Eglwys o'r undeb gydag Eglwys Carfan. Flwyddyn ynghynt roedd y Parchg Joshua Lewis wedi rhoi lan ei ofal am Eglwys Bethel, Llanddewi Efelffre gan gyfyngu ei hun i Henllan a Llanboidy. Cymerwyd y cyfle i ffurfio cylch newydd sef, Soar a Bethel, a dyna ddigwyddodd ym 1855. Yng Ngorffennaf 1854 roedd myfyriwr o Athrofa Aberhonddu wedi dod ar daith i ardal Hendy-gwyn i gasglu at gostau rhedeg yr Athrofa. William Thomas oedd enw'r llanc ac roedd yn enedigol o blwyf Llangiwc, Sir Forganwg ac wedi ei godi lan yng nghapel Cwmllynfell. Ers yn ifanc roedd wedi gweithio'n galed i ddiwyllio ei hun drwy ddarllen, ysgrifennu a dysgu cerddoriaeth; cadwai ysgol-gân yn ifanc yng nghapel y Gwrhyd ar Fynydd y Gwrhyd ger pentref Rhiwfawr. Dechreuodd bregethu yng Nghwmllynfell dan weinidogaeth Rhys Pryse ym 1848 a pharatodd ei hun i fywyd cyhoeddus drwy fod yn athro yn yr ysgol a thraddodi anerchiadau yn yr Eglwys a'r cylch. Bu'n fyfyriwr yn Athrofa Aberhonddu o 1852 i 1855. Gwnaeth y myfyriwr ifanc cymaint argraff dda ar aelodau Soar a Bethel fel iddynt gymell yr Athro William Morgan, Caerfyrddin, oedd yn enedigol o'r Fforge, Hendy-gwyn, i ysgrifennu ar eu rhan at William Thomas i'w wahodd i gymryd gofal o'r ddwy Eglwys am fis… mis o brawf. Yn nydd-lyfr William Thomas ar 21 Gorffennaf 1855 ceir y geiriau hyn: 'Dechreuais fy nhaith tua Soar a chyrhaeddais erbyn tri o'r gloch prynhawn.' Cafodd wythnosau hwylus gyda'r bobl a galwad ymhen y mis. Fe'i hordeiniwyd ar ddydd Nadolig a dydd San Steffan 1855. Bu cwrdd ym Methel y dydd cyntaf ac yn Soar trannoeth. Ymysg y rhai fu'n cymryd rhan yn yr ordeiniad roedd y Parchg Rhys Pryse, Cwmllynfell ynghyd a mawrion yr enwad fel y Parchg J Morris, Athro, Athrofa Aberhonddu, y Parchg William Morgan, Athro, Coleg Caerfyrddin, a'r Parchg Joshua Lewis, gweinidog Henllan a oedd yn arweinydd cymdeithasol yn yr ardal.[3, 4]

Mae'n debyg mai bychan oedd cyflog William Thomas ar y dechrau oherwydd dim ond tua 65 oedd aelodaeth Soar a rhywbeth yn debyg oedd ym Methel.[3] Ond o fewn blwyddyn i'w ordeinio gwelwyd adfywiad yn achos Bethel gyda 16 o ieuenctid yn paratoi ar gyfer dod yn aelodau. Ym 1858 cafwyd adfywiad mwy fyth yn Soar pan dderbyniwyd ugeiniau o ieuenctid a chanol oed yn aelodau o'r Eglwys. Wrth gofio am yr adfywiad ysgrifennodd William Thomas ddeng mlynedd yn ddiweddarach bod '…yr adgofio yn peri i ni ddyweyd o'n calon,

"Dyro drachefn orfoledd yr iachawdwriaeth" a

"B'le mae'r hen awelon grymus
Chwythodd gynt wrth daro ma's;
B'le mae'r hen deimladau cynes
Brofwyd gynt wrth orseddd gras."'

Yn ôl William Thomas: 'Y mae *yn awr* [1868] 7 yn y gyfeillach yn Soar. Hyderwn "mai dechrau gwawrio y mae, ac y cwyd yr haul yn uwch i'r lan."'[2]

Ymfalchïau William Thomas yn y ffaith bod cyfarfod chwarterol Sir Gaerfyrddin wedi ei gynnal yn Soar ar Chwefror 16 a 17 1864. Roedd 17 o weinidogion yn bresennol a thraddodwyd dwsin o bregethau yn ystod y ddau ddiwrnod. Yn ôl gweinidog Soar roedd yn achlysur lle roedd 'Dynion wrth eu bodd a Duw yn gwenu.'[2]

2.02 Ysgol Ddyddiol Soar

Fel un a oedd yn daer dros addysg i blant mae'n sicr bod William Thomas yn gefnogwr brwd i'r ysgol ddyddiol a gynhaliwyd dan nawdd yr Annibynwyr mewn bwthyn ger Soar ers tua 1850. Mae'n bosib mai teulu'r Fforest oedd prif gynhalwyr ariannol yr ysgol yn y dyddiau cynnar.[5] John Thomas, Fforest oedd ysgrifennydd bwrdd rheoli'r ysgol yn y 1850au a'r 1860au cynnar. Erbyn 1865 roedd ystafell-ysgol newydd wedi ei hagor yn Soar ac roedd William Thomas wedi cymryd drosodd fel ysgrifennydd y bwrdd rheoli. Bu William Thomas yn lletya yn y Fforest am flynyddoedd a hawdd dychmygu'r trafodaethau ar yr aelwyd ar gynlluniau i sicrhau datblygiad llwyddiannus i Soar fel canolfan ddiwylliannol i'r ardal.

Mae llyfrau cyfrifon Ysgol ddyddiol Soar yn dangos bod William Thomas yn ymwelwr cyson a'r lle ac hefyd ei fod yn dysgu Tonic Solffa i'r plant yn rheolaidd ac, ambell waith, roedd yn cymryd dosbarthiadau darllen a sillafu. Yr oedd y gweinidog yn arbenigwr ar ganu a chynhaliai ddosbarthiadau i'r ifanc a'u cymell i eistedd arholiadau. Pan sefydlodd John Curwen ei goleg 'THE TONIC SOL-FA COLLEGE' ym 1875 apwyntiwyd William Thomas yn Arolygwr arholiadau ac roedd yn arwyddo Tystysgrifau y disgyblion llwyddiannus.[1]

Un mater a fyddai wedi poeni William Thomas oedd y ffaith mai Saesneg oedd iaith dysgu yn yr ysgolion. Roedd hyn wedi deillio o Adroddiad Addysg 1847 a baratowyd gan dri o arolygwyr o Saeson na fedrent ddeall gair o Gymraegy. Dyma'r adroddiad y cyfeirir ato fel 'Brad y Llyfrau Gleision'. Cafodd y werin Gymraeg eu gwawdio gan y tri Sais yn bennaf am na fedrent ddeall eu gilydd yn siarad. Ond ymysg y gwawd roedd y sylw bod anwybodaeth o'r iaith Saesneg yn anfantais i'r Cymry oherwydd bod Saesneg yn iaith ryngwladol ac yn angenrheidiol os am 'ddod ymlaen yn y byd.' Ni fyddai llawer wedi anghytuno a'r casgliad hwn ond yn anffodus derbyniodd mwyafrif y boblogaeth mai'r ateb oedd dysgu Saesneg i'r plant ar draul y Gymraeg. I geisio gwireddu'r freuddwyd defnyddiwyd y WELSH NOT i ddychryn y plant rhag siarad Cymraeg. I ni heddiw roedd defnyddio'r WELSH NOT yn arferiad gwarthus o greulon ond y gwir yw bod mwyafrif y boblogaeth gan gynnwys addysgwyr ddylai wybod yn well wedi derbyn yr arferiad, cymaint oedd eu sêl dros weld eu plant yn medru'r Saesneg.

2.03 Diddordebau Eang William Thomas

Fel y cyfeiriwyd ato yn barod roedd rhan y capeli yn y gymdeithas yn newid yn gyflym o fod yn lefydd i addoli ynddynt yn unig i fod yn ganolfannau diwylliannol a chymdeithasol i'r gymuned. 'Does dim dwywaith nad ymdaflodd William Thomas i'r gwaith o greu canolfan o'r fath yn Soar o'r diwrnod cyntaf iddo fod yn weinidog ar yr Eglwys. Er enghraifft, ar ddydd Llun y Pasg 1858 traddododd ddarlith yn Soar ar y testun 'Cerddoriaeth' gyda'r Parchg Joshua Lewis, Henllan yn cadeirio. Yn ôl adroddiad yn *Baner ac Amserau Cymru* cafodd y gynulleidfa eglurhad athronyddol ar gerddoriaeth a hanes bywyd cerddorion o wahanol oesau a gwahanol genhedloedd y byd. Apeliodd at y gynulleidfa i ganu a'r ysbryd ac a'r galon yn ogystal ag a'r genau ac a'r deall.

Roedd diddordebau diwylliannol William Thomas yn eang a chawn adroddiad yn *Baner ac Amserau Cymru* ym Medi 1860 amdano yn dod yn gydradd gyntaf am draethawd ar 'Ysbryd Sectol' yn eisteddfod Aberdar. Ac yn yr un flwyddyn adroddwyd yn 'Y Gwladgarwr' ar 7 Ionawr ei fod wedi ysgrifennu llyfr ar 'Diwygiadau Crefyddol Iwerddon' a oedd i'w gyhoeddi gan Wasg Llanelli, pris 6 cheiniog pan fyddai digon o flaen-daliadau wedi eu casglu i dalu amdano. Roedd y llyfr yn ymdrin a'r diwygiad oedd ar droed yn Iwerddon ar y pryd ynghyd a diwygiadau eraill yn y gorffennol. Yn ôl yr adroddiad roedd yn 'amlwg ei fod wedi darllen llawer ar y mater; a buodd drosodd yn yr Iwerddon a bod yn llygaid dyst i lawer o bethau mawrion.'

2.04 Hanes yr Hendy-gwyn ar Daf

Ym mis Awst 1865 roedd hysbyseb yn Seren Cymru am gyhoeddiad arall gan weinidog Soar a ddisgrifiwyd fel traethawd ar 'Y Cyfarfod Wythnosol' pris 2 geiniog. Annog cynnal cyfarfodydd o addoli yn ystod yr wythnos yn ychwanegol at y Sul wnai William Thomas a chroesawyd ei draethawd gan y gohebydd fel un 'buddiol a fyddai'n dda pe bai yn cael sylw holl eglwysi Crist yn y tymor marwaidd presennol' …awgrym felly bod mynd i'r capeli i addoli ar drai yr amser hynny ond ar yr un pryd roedd Eglwys Soar a'i gweinidog talentog yn arwain drwy esiampl i geisio troi'r llanw.

Dwy flynedd yn ddiweddarach mae dawn ysgrifennu gweinidog Soar yn y newyddion eto ac yn ôl gohebydd *Y Tyst Cymreig* 24 Awst 1867 dyma'r tro cyntaf i Whitland ymddangos ar dudalennau'r papur er mor hanesyddol enwog oedd y lle: 'Dyma lle y bu Dewi Sant ac eraill yn derbyn addysg ac yma y galwodd Hywel Dda y senedd ynghyd i gofnodi cyfreithiau Cymru yn 926. Cewch yr holl hanes hyd yr amser presenol mewn llyfryn gan y Parchg William Thomas gweinidog Soar, Whitland ac mor fuan ac y ceir tua 500 o danysgrifwyr ato, caiff ei anfon i'r wasg.'

Aeth y gohebydd, ALBA LAUDA, ymlaen i roi disgrifiad o'r Hendy-gwyn fel yr oedd yr amser hynny. 'Mae yn gorwedd ym mhlwyfi Llanboidy, Llangan a Ciffick ac mae yn cael ei rannu yn dri, sef Hen-Dy-Gwyn, Mudlock (neu'r Stations) a Trevaughan. Mae yno dri chapel am un eglwys sefydliedig, sef un capel gan yr Annibynwyr, un gan y Bedyddwyr ac un gan y Methodistiaid Calfinaidd ac mae un o'r rhai hyn ym mhob plwyf a'r eglwys ym mhlwyf Llanboidy. Mae yma un ysgol Frytanaidd [Ysgol Soar] o dan ofal yr ysgolfeistr a'r bardd enwog Mr Philip C. Jones, C.M. (Eryr Carn Ingli).' Ond ystyriai'r gohebydd bod ysgol Soar yn rhy bell o'r pentref, oedd yn tyfu'n gyflym o amgylch gorsafoedd y rheilffyrdd, a'i obaith oedd y byddai dynion cyfoethog ag haelionus yr ardal yn mynd ati i adeiladu ysgoldy yn agos at ganol y pentref. Roedd yr adroddiad yn canmol cwmniau'r rheilffyrdd. Roedd yno ddwy orsaf – un y Great Western Railway a Terminus y Pembroke and Tenby Railway. 'Dyna i gyd yw y siarad yma y dyddiau hyn – myned i Tenby i ddwr y mor. Mae Excursion yn myned yno bob dydd trwy y mis hwn [Awst], yn ôl ac ymlaen am swllt – tua 15 milltir.' Roedd y rheilffordd yn gwasanaethu'r farchnad fisol hefyd drwy ddarparu pob cyfleusterau yn y gorsafoedd i anfon yr anifeiliaid – da, defaid, moch ac yn y blaen – ymaith wedi eu prynu.

Y flwyddyn ganlynol daeth y llyfr o'r wasg: 'Hynafiaethau yr Hendygwyn-ar-Daf gan y Parchg William Thomas. Pris swllt.' Cafodd glod mawr.

2.05 Undeb Cerddorol

Mae'n debyg mai ym 1858 y sefydlodd William Thomas Undeb Cerddorol Whitland oherwydd yn 1868 adroddwyd am y degfed cyfarfod o'r Undeb yn rhifyn 15 Mai o *Y Tyst Cymreig*. Ym Mhisga, Llandysilio y cynhaliwyd y cyfarfod ac roedd yno gantorion o Henllan, Llanboidy, Glandwr, Soar, Bethel, Bryn Sion, Bethesda a Nebo. Cymerwyd mantais o haelioni pobl lleol i gario cantorion o orsaf Narberth Road (Clunderwen) mewn trap a poni i'w llety am ddau neu dri niwrnod y Gymanfa. Roedd mawrion Annibynwyr yr amserau yn bresennol megis Joshua Lewis, Henllan, Simon Evans, Hebron, a John Davies (Sion Gymro), Moriah. William Thomas oedd yn arwain y canu ac roedd yr emynau wedi cael eu dewis yn y gymanfa yn Soar y flwyddyn cynt ynghyd a dwy emyn ychwanegol i'w canu ar y tonau Moriah a Missionary.

Ar ddiwedd y gymanfa penderfynwyd ar yr emynau i'w canu y flwyddyn ganlynol yn Llanboidy; roeddent allan o lyfr S.R. a'r tonau o lyfr Ieuan Gwyllt. Barn Simon Evans oedd bod yr Undeb Cerddorol 'wedi cryfhau llawer ar ganu y cyfarfodydd cyhoeddus a gynhelir yn y cylchoedd hyn, a bydd eto yn welliant i'r ganiadaeth gynulleidfaol.'

2.06 Cymanfa Bwnc

Dylanwad gweinidog Soar arweiniodd at weithgaredd arall o fewn yr eglwysi sef, y Gymanfa Ysgolion Sul (y Gymanfa Bwnc). Ceir adroddiad yn *Y Tyst Cymreig* 26 Mehefin 1868 am gymanfa o'r fath a gynhaliwyd yn Henllan. Y drefn oedd bod yr ysgolion yn eu tro yn cyd-adrodd darn o'r Beibl ac ateb cwestiynau'r holwr ac hefyd yn cyflwyno nifer o ganeuon. Fel y gellid disgwyl Ysgol Soar wnaeth fwyaf o waith… tri adroddiad (un yn Saesneg) a phedair cân (dwy yn Saesneg). Cafwyd un adroddiad a dwy gân (un yn Saesneg) gan Ysgol Llanboidy a chyflwynodd Ysgol Henllan un darlleniad a thair cân (un yn Saesneg). Dim ond Ysgol Cwm-miles gyflwynodd ei holl waith, sef un darlleniad a dwy gân, yn Gymraeg yn unig.

Mae'n amheus a fyddai'r gynulleidfa o oedolion wedi deall gair o'r cyflwyniadau Saesneg mwy na fedrent ddeal yr ymgeisydd Rhyddfrydol o Sais, E.J. Sartoris, pan ymwelodd a'r Hendy-gwyn i ganfasio adeg Etholiad Cyffredinol 1868. Bu raid i'r Athro William Morgan ymuno ag ef ar y llwyfan i gyfieithu ei araith i'r Gymraeg er mwyn i'r dorf ei deall. Er ei fod yn galw ei hunan yn Ryddfrydwr, hen Chwig oedd Sartoris heb fawr i wahaniaethu ei syniadau oddiwrth y Toriaid. Dim rhyfedd mai eistedd yn dawel yn y gynulleidfa wnaeth William Thomas; fel Radical o Ryddfrydwr oedd am wella amodau byw y bobl gyffredin, fel y cawn weld yn ddiweddarach, ni fyddai daliadau ceidwadol Sartoris wedi apelio ato.

2.07 Adeiladu Capel y Tabernacl (1874)

Fel yr oedd aelodaeth a gwrandawyr Soar yn cynyddu bu rhaid wynebu'r ffaith nad oedd digon o le yn y capel ac nad oedd yr adeilad yn cynnig cyfleusterau digonol ar gyfer y gynulleidfa. Ehangu'r capel neu adeiladu capel newydd? Dyna fu testun y drafodaeth ymysg yr aelodau a'r gweinidog am rai blynyddoedd. Ond fel yr oedd yr amser yn mynd yn ei flaen roedd ffactor arall, pwysig, yn dod i'r amlwg sef dyfodiad y rheilffyrdd i'r Hendy-gwyn yn y 1850au. Canlyniad hyn oedd i'r pentref dyfu yn gyflym ac yn arbennig felly o amgylch y gorsafoedd rheilffyrdd. Roedd canol y pentref erbyn hyn dros filltir o gapel Soar a'r anghyfleustra hyn arweiniodd yn y diwedd at y penderfyniad i adeiladu capel newydd ar safle agosach at ganol Hendy-gwyn. Ar yr un pryd penderfynwyd cadw Soar ar gyfer cynnal gwasanaethau claddu, cadw Ysgol Sul a chyfarfodydd arbennig eraill. Ar gyfer adeiladu capel newydd llwyddwyd i gael darn o dir (rhan o gae o'r enw Parc Yetwen), oedd llai na hanner milltir o ganol y pentref, gan un o ddiaconiaid yr Eglwys, sef Morris Phillips, Tynewydd am yr ardreth o 10 swllt y flwyddyn a phrydles am 999 mlynedd. Gosodwyd y garreg sylfaen ar 9 Gorffennaf 1872 gan Margaret Phillips, merch 15 mlwydd oed Morris a Mary Phillips, Tynewydd.

Paratowyd cynlluniau'r capel newydd gan y Parchg J. Thomas, Glandwr, Abertawe. Aeth aelodau a chefnogwyr ati i gludo cerrig o I-or Wêr (Amroth)[6] gan ddefnyddio ceirt a cheffylau. Adeiladwyd y capel mewn arddull fodern yn cynnwys y gwelliannau diweddaraf ac roedd yn glod i'r cwmni, James a Morgan, Hendy-gwyn. Mesuriadau'r adeilad oedd 48 troedfedd wrth 40½ troedfedd ac yn ychwanegol roedd Festri braf tu cefn iddo. Roedd wedi ei oleuo a lampau paraffin a'i awyro yn rhagorol. Ystyrid y Tabernacl yn un o'r capeli harddaf yng Nghymru ac yn deilwng o'r enwad.[7]

Gorffennwyd y gwaith adeiladu erbyn Mai 1874 a chynhaliwyd y gwasanaeth crefyddol cyntaf yn y Tabernacl ar Sul, 17 Mai pryd y pregethwyd am 2.00 ac am 6.00 gan y Parchg William Thomas, y gweinidog.

2.08 Agor y Tabernacl

Cynhaliwyd y cyfarfodydd agoriadol swyddogol ar 19, 20 Mai 1874. Er bod y capel newydd yn adeilad mawr fedrai eistedd tua 600 o bobl roedd ymhell o fod yn ddigon i gymhwyso'r dorf ddaeth i'r agoriad. Ar draws y ddau ddiwrnod o gyfarfodydd cymerwyd rhan gan un-ar-bymtheg o weinidogion a chafwyd deuddeg pregeth. Fel y gellid disgwyl roedd enwogion yr enwad yno megis y Parchedigion Simon Evans, Hebron; John Davies (Sion Gymro), Moriah ac O.R. Owen, Glandwr. Hefyd y Parchedig Athro William Morgan, Caerfyrddin; y Parchedig Ddoctor T. Rees, Abertawe a'r pensaer Y Parchg J. Thomas, Glandwr, Abertawe.[8]

Ychydig dros flwyddyn a hanner yn ddiweddarach ar ddydd Nadolig 1875 gweinyddodd William Thomas yn y briodas gyntaf i'w chynnal yn y Tabernacl. Un o Aberdar oedd y priodfab, Mr Thomas Williams, a'r briodferch, Rachel, yn unig ferch i Mr Henry Davies, Penyglog, Hendy-gwyn (sylwer ar yr arferiad o nodi enw'r tad ond dim enw'r fam). Gan mai hon oedd y briodas gyntaf yn y Tabernacl, anrhegwyd y wraig ieuanc a Beibl hardd.[9]

Fel arfer cynhelid te-parti gan y capeli ar ddydd Nadolig ac mae'n bosib bod Eglwys y Tabernacl wedi cytuno i'r briodas gael blaenoriaeth ar ddydd Nadolig 1875 oherwydd bu raid i blant ysgolion Sul y Tabernacl a Soar aros deg diwrnod cyn cael gwledd yn Festri Tabernacl brynhawn Mercher 5 Ionawr 1876. Am 6.00 o'r gloch cynhaliwyd cyngerdd oedd yn 'wledd i'r meddwl' dan lywyddiaeth y 'siriol a'r deheuig' y Parchg William Thomas. Roedd hanner cant o eitemau ar y rhaglen yn cynnwys amryw o ddarnau o 'Swn y Jiwbili' a gyflwynwyd gan gôr y Tabernacl dan arweiniad Mr Thomas Williams. Canwyd dwy anthem gan gôr plant dan arweiniad Mr Scourfield, Ysgolfeistr Ysgol y Cyngor. Treuliwyd tair awr boddhaol ac adeiladol iawn. 'Da iawn genym weld gymaint o ymdrech yn y lle hwn (y Tabernacl), …a bod yr Eglwys yn cynyddu mewn nifer o fis i fis.'[10]

Costiodd y capel tua £1,600 (£171,000 heddiw) ac roedd £760 wedi dod i law mewn tanysgrifiadau ymlaen llaw – diolch i ymdrechion William Thomas a deithiodd ar hyd a lled y wlad lle cafodd groeso mawr a rhoddion ewyllysgar gan wahanol bersonau. Casglwyd dros £300 yn y cyfarfodydd agoriadol yn cynnwys £15 gan y bonheddwr haelfrydig, Mr Powell, Maesgwyn a Mrs Powell. Yr oedd Mr Powell wedi rhoddi yn dda yn flaenorol i hyn. Felly roedd tua £540 yn eisiau i glirio'r ddyled a llwyddwyd i gyflawni hyn drwy gasgliad arall ymysg cynulleidfa'r Eglwys cyn diwedd 1876 a chyhoeddwyd Jiwbili (achlysur rhyddhau o ddyled – Leviticus 25: 23–28) y capel mewn gwasanaeth dathlu yn y Tabernacl dydd Nadolig 1876.

Ar ôl cwrdd prynhawn y Jiwbili cafodd plant yr Ysgol Sul wledd o dê a bara brith o'r fath orau a merched ieuanc a gwragedd yn gweini arnynt. Yn yr hwyr am 6.00 cafwyd cyfarfod adrodd a chanu o dan lywyddiaeth Mr Rees, Shop. Adroddwyd llu o ddarnau gan blant a phobl ieuanc y ddwy ysgol Sul, Soar a Tabernacl; a chanodd y Côr amryw donau melys o Swn y Jiwbili o dan arweiniad Thomas Williams. Ymadawodd y dorf luosog wedi cael gwledd.

Roedd cynulleidfa'r Tabernacl wedi llwyddo i gwrdd a'u dyletswyddau ariannol tuag at y wenidogaeth ynghyd a dyled adeiladu'r capel a chasgliad y colegau drwy godi bron i £400 yn flynyddol neu £1600 (£171,000 heddiw) mewn pedair blynedd.

Erbyn 1877 roedd aelodaeth y Tabernacl wedi cynyddu yn fawr i tua dwywaith yr aelodaeth pan osodwyd y garreg sylfaen bum mlynedd ynghynt a tairgwaith yr aelodaeth pan ordeiniwyd William Thomas ym 1855. Tua 65 oedd aelodaeth yr Eglwys pan ddaeth William Thomas i'w bugeilio felly roedd yr aelodaeth yn 1877 bron yn 200.[11]

Yr un anawsterau oedd yn wynebu Ysgol Frytanaidd Soar ag oedd wedi poeni Eglwys Soar sef bod yr adeilad yn llawer rhy fach ac wedi ei leoli mewn man anghyfleus.[12] Fel y caniatawyd dan Ddeddf Addysg Foster 1870 etholwyd Bwrdd Ysgol i wasanaethu plwyfi Llanboidy a Llangan ym mis Mawrth 1875. Yn rhyfedd ni ganiataodd y Parchg William Thomas i'w enw fynd ymlaen fel ymgeisydd am le ar y Bwrdd. Ond o dan gadeiryddiaeth W.R.H. Powell, Maesgwyn llwyddodd y Bwrdd i adeiladu ysgol newydd ar gyfer 150 o blant yng nghanol yr Hendy-gwyn ac agorwyd honno ar 15 Ionawr 1877. Pan ddaeth yn amser i ethol Bwrdd newydd ym 1878 cytunodd William Thomas i'w enw fynd o flaen yr etholwyr yn un o naw ymgeisydd am saith sedd. Efe a ddaeth i'r brig gyda 282 o bleidleisiau – 80 yn fwy na'r nesaf ar y rhestr.[13]

2.09 Priodi a Dioddef Erledigaeth Yelverton

Yn fferm y Fforest y bu William Thomas yn lletya am flynyddoedd. Tua milltir i ffwrdd roedd fferm Llwyndewi lle roedd y teulu Richards yn byw ac mae'n siwr bod William wedi dod i'w hadnabod yn dda ac yn arbennig felly y ferch hynaf, Elizabeth. Ar 27 Medi 1870 priododd William Thomas (38 mlwydd oed) ag Elizabeth Richards (27 mlwydd oed) yng nghapel Henllan a'r gwasanaeth yng ngofal y gweinidog y Parchg Joshua Lewis. Aeth y par priod i fyw i Abbey Cottage, Hendy-gwyn – oedd yn agos i'r fan lle mae Stryd y Parc yn cwrdd a Stryd y Farchnad – lle roedd William Thomas yn byw ers rhai blynyddoedd. Roedd tŷ arall o'r enw Abbey Cottage yn yr Hendy-gwyn, rhywle rhwng Y Farmer's Arms a'r Abaty yn ôl Cyfrifiad 1871. *Farm Bailif* i berchenog yr Abaty, sef yr Anrhydeddus W.H. Yelverton, oedd yn byw yn yr Abbey Cottage hwn. Sais ydoedd o'r enw Henry Singleton ac roedd ganddo fab 17 mlwydd oed o'r un enw. Ers 1863 roedd William Thomas yn rhenti 16 erw o dir oddiwrth W.H. Yelverton-cynyddodd i 36 erw erbyn yr 1870au - ac roedd yn cadw gwartheg ar y tir ac yn eu defnyddio er mwyn cynyddu ei incwm… arferiad lled gyffredin ymysg gweinidogion yr oes honno. I edrych ar ôl y gwartheg cyflogai William a'i wraig ddwy forwyn.[14]

Yn ystod Etholiad Cyffredinol 1874 derbyniodd William Thomas lythyr oddiwrth W.H. Yelverton, drwy law Henry Singleton, yn ei annog i ddangos cefnogaeth gyhoeddus ac i bleidleisio i'r ymgeisydd Toriaidd yn yr etholiad ac yn mynnu derbyn ateb drwy lythyr. Atebodd William Thomas ef yn union drwy lythyr lle'r eglurodd ei fod yn Rhyddfrydwr o argyhoeddiad ac na allai feddwl am gefnogi Tori. Ymhen rhai diwrnodau daeth Henry Singleton, y mab, a llythyr arall oddiwrth Yelverton i William Thomas gan gyhoeddi yn sarhaus mai 'Notice to Quit' oedd ganddo. Fel canlyniad bu raid i William Thomas werthu ei wartheg a'i wair cyn i'r 36 erw o dir gael ei gymryd oddiarno. Nid oedd terfyn ar falais Singleton tuag at William Thomas ac aeth mor bell a haeru yn gyhoeddus: *'I'll be damned if I will not take the house and garden from him again next Michaelmas…'* Ond yn rhyfedd iawn ar y diwrnod yr oedd Singleton yn bygwth rhoddi *'notice to quit'* arall i William Thomas cafodd Singleton *'notice to quit'* gan ei feistr ei hun! Mor ddisymwth y trodd y rhod! Gwnaeth y weithred faleisis hon argraff ddofn ar William Thomas – rhoddodd ddur yn ei waed a'i wneud yn genedlaetholwr ac yn Rhyddfrydwr gwleidyddol radical. Daeth yn ymladdwr diofn a difalais dros ryddid.[15, 16, 17]

Rywbryd rhwng Cyfrifiad 1871 ac un 1881 symudodd William Thomas a'i wraig o Abbey Cottage i Rhydycwrt Cottage oedd nesaf at Rhif 1, Stryd y Parc yn yr Hendy-gwyn. Ar ôl i W.H. Yelverton fynd a'i dir oddiarno nid oedd angen dwy forwyn i'w gynorthwyo ac erbyn Cyfrifiad 1881 dim ond un morwyn-cartref – merch 17 mlwydd oed – oedd ganddo ef a'i wraig yn Rhydycwrt Cottage.

Ar y 14 Ionawr 1876 roedd dathlu yng nghartref gweinidog Tabernacl a'i wraig pan anwyd merch, Louisa Joan, iddynt. Ond naw mis yn ddiweddarach bu farw'r ferch fach 'ar ôl ychydig ddyddiau o gystudd trwm'. Claddwyd ei gweddillion yng nghladdfa Soar ym mhresenoldeb tyrfa luosog. Y Parchg R. Morgan, Sanclêr oedd yng ngofal yr angladd ond, yn ddigon arwyddocaol, fe'i cynorthwywyd gan ŵr oedd newydd symud i fyw i'r Hendy-gwyn, sef y Parchg Griffith Havard, cyn-weinidog gyda'r Bedyddwyr oedd newydd agor siop fferyllydd yn y pentref ac a oedd, fel William Thomas, yn radical gwleidyddol.[18]

2.10 Cymdeithasau Newydd

Yn dilyn agor capel y Tabernacl aeth William Thomas ati o ddifrif i wneud y lle yn ganolfan i'r gymdeithas drwy gynnal amrywiaeth o ddigwyddiadau yno. Er enghraifft cynhaliwyd gyfarfodydd cymdeithasau megis y Mudiad Dirwest a'r Feibl

Gymdeithas pryd y traddodwyd darlithiau er mwyn addysgu pobl yn y gwahanol feysydd.

Ym mis Mawrth 1878 daeth tyrfa luosog i wrando ar William Thomas yn traddodi 'darlith ardderchog' ar Dirwest 'yn ei gapel ei hun'. Yn ychwanegol cafwyd eitemau gan gôr y plant dan arweiniad Mr Isaac Newton Rees a oedd yn cadw siop dilledydd a groser yn yr Emporium, Stryd y Farchnad; roedd yn enedigol o Drelech. Canodd y Côr Mawr 'Molwch yr Arglwydd' (Dr Joseph Parry) dan arweiniad Mr Thomas Williams. Ar ddiwedd y cyfarfod ardystiodd 43 o'r newydd.[19]

Fel ysgrifennydd y gangen leol o'r Feibl Gymdeithas roedd yn naturiol i William Thomas drefnu cynnal y cyfarfodydd blynyddol yn y Tabernacl. Ac felly y bu ym mis Rhagfyr 1880 pan gafwyd araith gan gadeirydd y gangen, W.R.H.Powell oedd, y flwyddyn honno, wedi ei ethol yn aelod seneddol Rhyddfrydol Sir Gaerfyrddin er mawr lawenydd i William Thomas a radicaliaid eraill yr etholaeth. Siaradodd Powell ar fyw egwyddorion Cristnogaeth yn ogystal a'u proffesu – rhywbeth yr oedd ganddo brofiad ohono drwy ei weithgareddau yn Llanboidy. Roedd adroddiad blynyddol y gangen yn galonogol iawn gan iddo ddangos bod £45 (£4,500 heddiw!) wedi ei ddanfon i'r fam gymdeithas.[20]

Festri Tabernacl oedd man cyfarfod y dosbarth Tonic Sol-ffa dan gyfarwyddyd blaenor y canu yn y Tabernacl, Mr Thomas Williams, Spring Gardens. Yno hefyd yr arholwyd yr ymgeiswyr am dystysgrifau Coleg y Tonic Sol-ffa gan y Parchg William Thomas.[21]

Ym mis Ionawr 1880 ffurfiwyd Cymdeithas Lenyddol yn y Tabernacl o dan lywyddiaeth y Parchg William Thomas. Yng nghyfarfod cyntaf y gymdeithas traddodwyd anerchiad gan y llywydd ar 'Cyfreithlonrwydd difyrwch a pleser uwchraddol.' Cafwyd tair araith gan wahanol areithwyr ar y pynciau 'Dylanwad Cerddoriaeth', 'How to become rich' a 'Gonestrwydd'. Yn dilyn hyn oll cafwyd ymhellach ddau anerchiad, chwech unawd a tua naw adroddiad! 'Cafwyd cyfarfod rhagorol. Yr elw i'w ranu rhwng y tlodion. Terfynwyd drwy ganu yr Anthem Genedlaethol' – a *God save the Queen* fyddai eu hanthem bryd hynny.[22]

Gwnaeth yr holl ddosbarthiadau cerddorol yn y Tabernacl dros y blynyddoedd ddwyn ffrwyth arbennig ar nos Iau, 30 Mehefin 1881 pan gafwyd berfformiad rhagorol gan gôr y Tabernacl o gantawd 'Joseph' gan Dr Joseph Parry. Y Parchg William Thomas oedd yn y gadair ac roedd yn esbonio y gwahanol olygfeydd i'r gynulleidfa. Hwn oedd y cyflwyniad cyntaf o'r fath gyfansoddiad yn y Tabernacl a chôr y Tabernacl oedd y cyntaf i berfformio'r gantawd 'Joseph'. [Cymerwyd rhan y cymeriadau gan y canlynol: Y Frenhines, Miss Rachel James; Y Weinyddes, Miss Mary Phillips; Y Brenin, Mr Isaac Newton Rees; Joseph, Mr William Scourfield; Jacob, Mr John Williams; Reuben, Mr C.J. Davies; Judah, Mr James Thomas.]

Roedd masnachwyr lleol yn gefnogol iawn i'r gweithgareddau amser-hamdden oedd ar gael yn y dref – diolch i ymdrechion pobl fel William Thomas yn y Tabernacl – ac fe benderfynodd y dynion busnes gau eu busnesau am 8.00 o'r gloch yn lle 9.00 er mwyn galluogi eu dynion ieuanc fynd i 'adloni eu cyrff a'u meddwl.'[23]

Ar yr un amser profwyd llwyddiant amlwg yn yr achos yn Eglwys y Tabernacl gydag aelodau newydd yn cael eu hychwanegu bob Sabbath Cymundeb am dri mis cyntaf y flwyddyn 1882 gyda 17 yn ymofyn am aelodaeth nos y gyfeillach ddiwedd mis Mawrth.

Erbyn yr 1880au roedd ysgolion Sul Tabernacl (adran Gymraeg a'r adran Saesneg); Soar; Henllan; Cwm-miles; Llanboidy a Chapel Mair, Llanfallteg yn cynnal 'uchel-wyl Ysgolion Sabbothol' yn flynyddol. Ac er bod rhai yn darogan bod oes y Cymanfaoedd Ysgolion wedi pasio roedd y 'tyrfaoedd a gyrchent tua hen gapel annwyl Henllan ar ddydd Llun 12 Mehefin 1882 yn brawf nad cywir y darogan.' Ar yr un pryd roedd gohebydd *Y Tyst a'r Dydd* yn siomedig nad oedd y merched a'r gwragedd yn cynnig atebion fel yr arferai yr hen famau yn y blynyddoedd cynt. Ond roedd y canu corawl dan arweiniad y gwahanol gor-feistri a'r canu cynulleidfaol dan y Parchg William Thomas yn dda a chelfyddydgar gydag ychydig eithriadau. Dim ond clod oedd gan y gohebydd i bobl Henllan am ddarparu cyflawnder o luniaeth ar gyfer yr oll o'r dieithriaid.[24]

Erbyn dechrau'r 1880au roedd mwy a mwy o Saeson yn symyd i fyw i'r Hendy-gwyn – roedd y rheilffyrdd yn cynnig gwaith i lawer ohonynt. Ac ar eu cyfer roedd gweinidog y Tabernacl wedi bod yn cyflwyno gwasanaeth dwy-ieithog bob-yn-hyn-a-hyn ers rai blynyddoedd ond nid oedd yn ystyried fod y trefniant yn foddhaol. Felly penderfynodd William Thomas newid y drefn a chynnig gwasanaeth uniaith Saesneg yn y Tabernacl i'r mewnfudwyr (meibion Hengist yn ôl gohebydd *Y Tyst a'r Dydd*) ar un noson o'r wythnos a hynny bob tair wythnos. Llafur cariad oedd hyn i William Thomas gan nad oedd yn cael unrhyw gydnabyddiaeth ychwanegol am ei waith.

2.11 Radicaliaid Gwleidyddol

Roedd daliadau gwleidyddol radicalaidd cadarn gan y Parchg William Thomas ac fel y soniwyd yn barod, roedd yn rhannu yr un daliadau a'i gyfaill y Parchg Griffith Havard, fferyllydd yn yr Hendy-gwyn. Roeddent am weld cymdeithas decach lle byddai gwell amodau byw i'r bobl gyffredin ac nid ofnent ddweud-eu-dweud yn gyhoeddus. Ym 1884 ffurfiodd y ddau Gymdeithas Rhyddfrydol Hendy-gwyn ar Daf gyda Havard yn Gadeirydd a Thomas yn Ysgrifennydd. Nhw ill dau oedd yn gosod yr agenda radicalaidd yn lleol a galwent am ddatgysylltu Eglwys Loegr yng Nghymru a chael gwared a'r Degwm, am gytundebau tecach i denantiaid, am i'r llywodraeth ysgwyddo'r gost o addysgu plant, am wella cyflwr tai y gweithwyr ac am sefydlu cynghorau sirol i benderfynnu ar drethi a gwariant lleol. Roedd gweinidog y Tabernacl yng nghanol y cynnwrf gwleidyddol oedd yn raddol wireddu gweledigaeth David Rees, Llanelli ddeugain mlynedd yng nghynt sef mai drwy nerth gwleidyddol yr enillid tegwch i'r werin.

William Thomas oedd cefnogwr amlycaf W.R.H. Powell, Maesgwyn yn ymgyrchoedd llwyddiannus hwnnw drwy'r 1880au i gynrychioli pobl Sir Gâr yn y Tŷ Cyffredin. Yn dilyn Etholiad Cyffredinol 1885 mynegwyd y farn yn *Y Tyst a'r Dydd* o dan y penawd 'Whitland' mai yn Sir Gaerfyrddin y 'bu y frwydr boethaf o unman yn y De os nad yn holl Gymru'.

Yr amser hynny swydd ddi-dâl oedd swydd Aelod Seneddol ac oherwydd hynny dim ond y cefnog fedrai gymryd y swydd a phrin oedd y rhai cefnog a oedd yn coleddu daliadau radical. Ond dyna yn union y fath berson oedd Sgweiar Maesgwyn, Llanboidy sef W.R.H.Powell. Roedd gan Powell yr amser a'r modd i deithio hyd-a-lled y sir i daenu'r neges am wella amodau byw y werin ac roedd wedi gweithredu ar eu gredoau yn Llanboidy ers y 1860au drwy ddarparu addysg am ddim i blant, tai i weithwyr a neuadd marchnad i ffermwyr. Ym 1874, o ganlyniad i'w ofid am effaith andwyol afiechyd a henaint ar allu gweithwyr i gynnal eu hunain a'u teuluoedd, sefydlodd Powell gymdeithas i warantu budd-dâl i'r claf a'r oedranus ymysg gweithwyr de-orllewin Cymru. Dim rhyfedd mai dymuniad Annibynwyr Gorllewin Sir Gâr, dan arweiniad William Thomas, yn Etholiad Cyffredinol 1885 oedd 'Boed Powell Maesgwyn ein gwron y tro hwn eto'.[25]

2.12 Gweinidog y Tabernacl a Rhyfel y Degwm ac Ymgyrch Datgysylltu'r Eglwys

Ym 1887 daeth Rhyfel y Degwm i ardal Hendy-gwyn yn bennaf oherwydd i William Thomas gyhoeddu'r efengyl gymdeithasol yn y priffyrdd a'r caeau ac annog y tenantiaid i wrthod talu'r dreth annheg. Roedd yr arian a godwyd drwy dreth y degwm yn mynd i gynnal yr eglwysi Anglicanaidd. O ystyried mai capelwyr oedd 80% o'r boblogaeth doedd dim rhyfedd bod gwrthwynebiad chwyrn i dalu'r degwm. Yn ôl adroddiad yn *Y Tyst a'r Dydd* '...fe fydd enwau y Mri Thomas Richards, Llwyndewi [brawd-yng-nghyfraith William Thomas] a Benjamin Thomas, Penycoed mewn bri... fel arwyr dros ryddid a chydraddoldeb crefyddol am flynyddoedd i ddod.'

Gan fod y ddau ffermwr yn gwrthod talu'r degwm danfonodd yr awdurdodau feiliaid ac arwerthwr i gymeryd perchnogaeth o rai anifeiliaid ar y ddwy fferm a'u gwerthu er mwyn codi digon o arian i dalu dyled y degwm. Ar fore'r arwerthiant roedd cannoedd o bobl wedi ymgasglu ar glôs y ffermydd i leisio'u gwrthwynebiad chwyrn i'r drefn. Ar ôl i'r heddlu golli rheolaeth, dylanwad y Parchg William Thomas a'i gyfaill y Parchg Griffith Havard sicrhaodd nad aeth pethau dros-ben-llestri. Ffermwyr lleol brynodd yr anifeiliaid ac felly y sicrhawyd nad adawodd yr un anifail yr un o'r ddwy fferm.[25]

Mae'r ffaith i William Thomas lwyddo i gadw perthynas gyfeillgar gyda mwyafrif llethol o'r gymdeithas yn brawf o'i natur fonheddig a'i ymddygiad synhwyrol. Ond mae dwy enghraifft lle, yn ôl pob tebyg, y bu rhaid iddo ddibynnu ar ei ddoniau heddychlon i gadw'r ddisgl yn wastad ac roedd un ohonynt yn ymwneud yn uniongyrchol a'r Tabernacl.

Roedd perthynas landlord a thenant yr amser hynny yn un lle roedd yr hawliau a'r grym i gyd yn nwylaw'r landlord ac roedd radicaliaid fel William Thomas wedi bod yn galw ers blynyddoedd am ddiwygio'r berthynas er tegwch i'r tenant. Y prif ymgyrchydd yng Nghymru ar 'fater y tir' – fel ei gelwid – oedd y Parchedig Ddoctor E. Pan Jones, gweinidog yn y Fflint. Mae'n debyg mai Cymdeithas Rhyddfrydol Hendy-gwyn wnaeth estyn gwahoddiad i Dr Pan Jones i gyflwyno ei araith 'Y Ddaear i'r Bobl' yn yr Hendy-gwyn ym mis Rhagfyr 1886. Yn ôl adroddiad yn *Y Celt* cynhaliwyd y cyfarfod dan gadeiryddiaeth 'y Barfwyn a'r Solomonaidd' y Parchg Griffith Havard yn Ysgoldy y Bwrdd oherwydd 'Gwrthodwyd y capel gan "lord deacons" y Tabernacl.' Ar ôl cyfeirio atynt mewn ffordd mor amharchus aeth y gohebydd ymlaen i haeru mai ffermwyr oedd y rhan fwyaf o'r diaconiaid.[26] A derbyn bod hynny yn wir, os oeddynt berchen eu ffermydd neu yn denantiaid, hawdd deall eu amharodrwydd i gysylltu eu hunain gyda phrif fflangellydd y landlordiaid hyd yn oed os oedd hynny yn mynd i dynnu gwawd y papurau am eu pennau. 'Does dim son am unrhyw anghydfod rhwng gweinidog a diaconiaid y Tabernacl ynglŷn a'r mater hwn.

Ar y noson roedd William Thomas yn y gynulleidfa luosog yn yr ysgol a bu'n cynnal trafodaeth gyda'r areithiwr ac eraill ar ôl yr araith.

Cyhoeddwyd bod llyfr newydd gan y Parchg William Thomas, 'The Disestablishment Campaign', wedi dod o'r wasg a'i fod 'yn cynwys ffeithiau di-droi-yn-ol' ar gyfer yr ymgyrch fawr arall oedd ar droed yng Nghymru yr amser hynny sef, yr ymgyrch i ddatgysylltu Eglwys Loegr yng Nghymru.[27] Yn ddiweddarach hawliodd yr enwog Barch J. Kilsby Jones bod y llyfr 'yn werth ei bwysau mewn aur.' Swllt oedd ei bris neu 1s. 1½d drwy'r post. Heb amheuaeth bu mewnbwn gweinidog y Tabernacl yn hwb enfawr i'r ymgyrchoedd dros decach amodau byw a thros gydraddoldeb crefyddol yng Nghymru.[28]

2.13 William Thomas, Cynghorydd Sirol

Bu William Thomas ac eraill, megis y Parchg Griffith Havard a'r Aelod Seneddol radical Powell, Maesgwyn, yn galw ers blynyddoedd am sefydlu cynghorau sirol gydag aelodau etholedig i wneud penderfyniadau ar faterion lleol. Llwyddwyd i gael y maen i'r wal yn 1889 ac fe grewyd etholaethau neu wardiau o fewn y siroedd er mwyn ethol aelodau i'r cynghorau newydd. Unwyd plwyfi Llanboidy a Llangan i ffurfio un etholaeth oedd yn cynnwys yr Hendy-gwyn. Roedd yr etholaeth i gael dau aelod i'w chynrychioli ar Gyngor Sirol Caerfyrddin.

Cynhaliwyd cyfarfod yn y dref o Ryddfrydwyr yr ardal i ddewis ymgeisydd ac mae'n siwr bod y mwyafrif yn credu bod ganddynt yr ymgeisydd delfrydol ym mherson gweinidog y Tabernacl. (Roedd ardal Llanboidy i ddewis ymgeisydd arall y Rhyddfrydwyr.) Ond roedd rhai ffermwyr yn y cyfarfod yn Hendy-gwyn o'r farn mai buddiol iddynt hwy fyddai ymgeisydd o'u dosbarth hwy ac aeth un mor bell a mynnu y dylid gwahardd gweinidogion yr efengyl rhag bod yn aelodau o gyngor sirol!

Heb os roedd y gwrthwynebiad iddo yn dipyn o siom i'r gŵr oedd wedi ymladd brwydrau'r werin yn yr ardal ers dros ddeng-mlynedd-ar-hugain. Daeth y cyfarfod i ben heb benderfynu ar ymgeisydd, ond ychydig ddiwrnodau yn ddiweddarach daeth yn hysbys nad oedd y ffermwyr am gynnig ymgeisydd wedi'r cwbwl ac mai y Parchg William Thomas fyddai unig ymgeisydd Rhyddfrydwyr ardal Hendy-gwyn am sedd ar gyngor sirol cyntaf Sir Gaerfyrddin. Etholwyd gweinidog y Tabernacl yn ddigon cyffyrddus ar frig y rhestr ymgeiswyr ac fe'i ail-etholwyd yn ddi-wrthwynebiad ar ôl hynny.

Ym 1894 cynhaliwyd etholiadau ar gyfer y Cynghorau Dosbarth a grewyd y flwyddyn honno. Roedd Cyngor Dosbarth Hendy-gwyn yn un ohonynt. Ar waethaf gwrthwynebiad chwyrn y Toriaid a rhai Rhyddfrydwyr fu'n ddigon hy i annog y bobl i ddangos i'r gweinidog 'nad ef oedd arglwydd y lle' enillodd William Thomas sedd heb ganfasio am yr un bleidlais!

Yn dilyn etholiadau y cynghorau sirol ym 1898 ac yntau wedi gwasanaethu fel cynghorydd sirol am naw mlynedd anrhydeddwyd ef drwy ei ddyrchafu yn Henadur ac felly yn aelod am oes o Gyngor Sirol Caerfyrddin.

Efallai mai cyfraniad pwysicaf William Thomas fel cynghorydd sirol oedd sicrhau mai Hendy-gwyn ar Daf fyddai lleoliad addysg uwchradd yn ne-orllewin Sir Gar. Agorwyd Ysgol Ganolradd yno ym 1894 mewn adeilad dros dro, Aeron House, ger capel y Tabernacl a symudodd i'r safle bresennol ym 1897. Dros y blynyddoedd gwasanaethodd fel Ysgol Sirol ac yna fel Ysgol Ramadeg cyn ei sefydlu yn Ysgol Gyfun Dyffryn Taf ym 1989.

2.14 Deugain Mlynedd yn y Weinidogaeth. Teyrnged Griffith Havard

Dylai'r flwyddyn 1895 wedi bod yn un hapus i William Thomas oherwydd yr oedd Eglwys y Tabernacl a hefyd Eglwys Bethel, Llanddewi am ddathlu ei ddeugain mlynedd fel eu gweinidog. Ond ym mis Medi collodd y Parchg William Thomas ei wraig Elizabeth a hithau ddim ond yn 53 mlwydd oed. Roedd wedi dioddef o 'wendid a nychdod' am tua dwy flynedd. Dynes hawddgar, neillduol o garedig ac yn hynod gymwynasgar i bawb.'[29] Ymysg y gweinidogion fu'n cymeryd rhan yn yr angladd oedd y Parchgn Dan Evans, Cwmafon (gynt Moriah, Blaenwaun), D Williams, Henllan, William Thomas, Llanboidy a Lewis Evans B.A., Moriah.

Penderfynodd Eglwys y Tabernacl mewn cyfarfod ar Sul 22 Rhagfyr 1895 i anrhegu eu gweinidog am ei wasanaeth ffyddlon a llwyddianus iddynt am ddeugain mlynedd. Dros yr amser hynny dim ond ar ddau ddydd Sul oedd wedi methu dod i'r capel – un pan fu farw ei ferch a'r llall pan fu farw ei wraig.

Ddiwedd mis Mai 1896 ymddangosodd erthygl gynhwysfawr o deyrnged i William Thomas ym Mhapur Pawb gan y Parchg Griffith Havard y Bedyddiwr oedd yn cadw siop fferyllydd yn yr Hendy-gwyn ar Daf. Disgrifia William Thomas fel bugail gofalus, llawn tynerwch a chydymdeimlad, yn barod bob amser i gynorthwyo ac yn deall y natur ddynol yn drwyadl. 'Dengys ystadegau [Tabernacl a Bethel] ei fod [yn ystod y deugain mlynedd] wedi derbyn 1,722 o aelodau trwy lythyrau ac o'r byd; wedi gwasanaethu mewn 735 o [angladdau]; ac wedi traddodi dros 500 o bregethau!' Ers ei ordeinio ym 1855 dyblodd aelodaeth Bethel i 120 ym 1895 a chynyddodd aelodaeth Tabernacl dros chwe gwaith i 400![30]

Mewn llythyr i'r Tyst, ysgrifennodd y Parchg J Tegryn Phillips, Hebron '…heblaw bod yn weinidog ffyddlon, dylanwadol a llwyddianus, y mae Mr Thomas wedi gwasanaethu y cylch hwn mewn modd amlwg a medrus fel gwleidydd galluog a goleuedig.'[31]

Yn ôl Griffith Havard 'Ym mrwydrau poeth a blin y degwm, gweithiodd William Thomas yn galed, ar lwyfan a thrwy y wasg, i ddiddymu yr anghyfiawnder a ddioddefau'r ffermwyr er budd Eglwys estronol ac y mae ei lawlyfr poblogaidd ar "Y Degwm" a "The Disestablishment Campaign" yn cynnwys profion di-ymwad o'i wybodaeth eang ac egwyddorion a'u gwraidd yn ei galon. Y mae Mr Thomas yn ŵr o argyhoeddiadau dyfnion a phenderfynolrwydd di-droi-yn-ol; ond nid yw ef yn bleidiol i fesurau eithafol a gwyllt.' Roedd ei bresenoldeb yn arwerthianau'r degwm yn holl bwysig gan i'w ddylanwad ar ffermwyr y sir beri iddynt ymgadw rhag eithafiaeth ac i wrth-dystio fel dynion a Christnogion. 'Wrth gwrs, y mae yn Radical rhonc ac y mae y mynych frwydrau etholiadol y bu ynddynt – a bob amser yn fuddugoliaethus – yn brawf o'r parch a goleddir ato, a'i boblogrwydd yn y sir…. llenwa safle bwysig ar Gyngor Sirol Caerfyrddin ac mae yn weithiwr caled o blaid addysg rad i blant. Y mae iddo enw da fel areithiwr dirwestol hefyd; a medda hoffder neillduol at gerddoriaeth.'[32]

Erbyn dechrau Ebrill 1896 roedd y ddwy Eglwys, Tabernacl a Bethel, wedi casglu £80 (tua £10,000 heddiw) rhyngddynt ar gyfer y dysteb.[33]

2.15 Tysteb i William Thomas

Am 2.00 o'r gloch dydd Iau, 23 Ebrill 1896 daeth torf yn cynnwys cynulleidfa'r Tabernacl a chyfeillion o bell ac agos i'r capel i gyflwyno tysteb i'r Parchg William Thomas. Etholwyd y Rhyddfrydwr twymgalon a'r Ymneilltuwr pybyr, Dr Enoch Davies, Brynteifi, Llandysul i'r gadair a thraddododd ef anerchiad rhagorol ar 'Y Gweinidog a Gwleidyddiaeth'. Cafwyd tri anerchiad arall gan weinidogion Eglwysi cyfagos sef, y Parchgn. J. Tegryn Phillips, Hebron, D.E. Williams, Henllan, a J. Williams, Carfan yn Saesneg. Tysteb y Tabernacl oedd llythyr oddiwrth yr Eglwys i'w gweinidog – math o 'lythyr caru oddiwrth yr Eglwys' – ynghyd a chodaid o aur melyn.

Llythyr Eglwys y Tabernacl i'w gweinidog y Parchg William Thomas:

Annwyl Frawd,

Cymerasoch ofal Eglwys fechan mewn gwlad ar ddechrau eich gweinidogaeth, ymfodlonasoch ar gyflog fechan y rhan fwyaf o'r amser yr ydych wedi bod yn y swydd weinidogaethol, pan y gallasech gael ychwaneg o arian rhagor nag unwaith er dydd eich urddiad ar Rhagfyr 25-26 1855.

Cymerasoch ran bwysig mewn cerddoriaeth a chaniadaeth yn yr eglwys, a thrwy siroedd Penfro a Chaerfyrddin, trwy ddysgu egwyddorion canu, a thrwy arwain Cymanfaoedd Canu ac areithio ar gerddoriaeth eglwysig, er boddlonrwydd mawr i gerddorion a chantorion deallus.

Llwyddasoch i adeiladu y Tabernacl, yr hyn a gostiodd tua £1,600. Trwy eich cyd-weithrediad talwyd amdano mewn 4 blynedd, er nad oedd ein rhif yr adeg honno yn 200. Casglwyd £400 ar gyfartaledd am y 4 blynedd.

Ni fu yma un cynhen yn ystod eich gweinidogaeth. Llongyfarchwn chwi ar nodwedd eich pregethau yn ystod y 40 mlynedd hyn. Nid ydyw eich adnoddau wedi eu di-hysbysu er traddodi dros 5,000 o bregethau. Nid ydyw yr eglwys na'r gynulleidfa wedi blino ar nodwedd athrawol eich gweinidogaeth, fel prawf cynnydd yr Eglwys o 75 i tua 400. Nid a nifer o'r pregethau byth yn anghof gennym.

Yr ydych wedi gweini yn angladdau ein perthnasau annwyl gyda ocheiddrwydd a chydymdeimlad. Cawsom chwi bob amser yn ymdrechgar o blaid cydraddoldeb crefyddol rhwng eglwysi cydffurfiol ac anghydffurfiol, yn ogystal a rhwng eglwysi anghydffurfiol a'u gilydd.

Cymerasoch ran gyhoeddus mewn gwleidyddiaeth oddiar argyhoeddiad cydwybod. Edmygwn eich gwroldeb a'ch cydwybodolrwydd yn dywedyd Na, Na foneddigaidd wrth eich tir feistr yn 1874, pan wrthodasoch eich pleidlais a'ch dylanwad i ymgeisydd ceidwadol. Credwn nad aethoch lawr yng ngolwg dynion mawrfrydig, na Duw ychwaeth wrth lynu yn ddiysgog wrth ein hegwyddorion.

Mawr y gwn eich doethineb yn y rhan gymerasoch yn y mudiad gwrthddegymol, trwy fynychu arwerthiadau er cadw trefn a rhagflaeni gwrthdrawiad rhwng swyddogion y gyfraith a phleidwyr cydraddoldeb crefyddol,

Yr ydych yn ystod eich oes wedi bod yn ddirwestwr ffyddlon, a'ch llais a'ch dylanwad o blaid sobrwydd. Cafodd y gymdeithas cenhadol ynoch chwi bleidiwr ffyddlon.

Yr ydych wedi bod yn llafurus iawn gyda Addysg Elfenol, ac nid anghofir eich ymdrech ynglŷn ag addysg canolradd yn Sir Gaerfyrddin. Gorchfygasoch pob rhwystrau daflwyd ar eich ffordd i gael ysgol canolradd i'n drysau.

Llongyfarchwn chwi hefyd ar y llyfrau cynhwysfawr cyhoeddasoch yn Gymraeg a Saesneg, ar faterion o ddiddordeb cyhoeddus megis:

> Diwygiadau Crefyddol yr Iwerddon.
> Hynafiaethau yr Hendygwyn ar Daf.
> Cofiant y Parchg Rhys Pryse, Cwmllynfell.
> The Disestablishment Campaign.
> Yr Ordinhadau.
> Y Cyfarfodydd Wythnosol.

Credwn fod eich dylanwad yn bur, a gweddiwn am i chwi gael iechyd cryf i wasanaethu Duw yn Efengyl ei fab am flynyddau lawer yn ein mysg. Diolchwn i Dduw am fywyd i gynorthwyo llu o fywydau uwchraddol yn y byd Er gogoniant Duw.

Cyflwynwn yr Anerchiad hwn ynghyd a nifer o lyfrau a chodaid o arian i chwi fel dangoseg fechan o'n parch a'n hedmygedd ohonoch.

23 Ebrill 1896.

Cyflwynwyd y llythyr i Mr Thomas gan Thomas Williams, Diacon a Chodwr Canu y Tabernacl a Chrydd wrth ei waith-bob-dydd; Mr Thomas Phillips, Brynglas gyflwynodd y codaid o aur. Yn ei ymateb ceisiodd William Thomas grynhoi prif nodweddion ei fywyd ac roedd rheiny yn cynnwys gwasanaethu eglwys a gwlad; rhyddfrydigrwydd crefyddol; blaenoriaeth i'r weinidogaeth; parodrwydd i siarad yn glir dros hawliau bobl heb falio dim am y canlyniadau posib i mi fy hun; ufudd-dod i lais y bobl gan deimlo mai llais y bobl yw llais Duw 'Vox Populi, Vox Dei.' Dyna paham y gwasanaethodd ar Fyrddau Ysgol, Byrddai Gwarchweiniaid, Cyngor Dosbarth a'r Cyngor Sir.

Bu rhagor o areithio gan y Parchg D. Jones, Nazareth, E.H. James, Pontygafel, Glandwr a adnabyddwyd fel 'Jystus y Bont', H. Davies, Willow Bank a'r Parchgn O.R. Owen, Glandwr a B. Davies, Trelech. Disgwylid araith gan y Parchg D.R, Davies, Rhydyceisiaid ond oherwydd prinder amser fe'i cyfyngwyd i ychydig eiriau yn unig. I glou cyfarfod y prynhawn canwyd gan gôr plant Tabernacl dan arweiniad Isaac Newton Rees.

Yng nghyfarfod yr hwyr pregethwyd i gynulleidfa fawr iawn gan y Parchgn O.R. Owen a B. Davies ac felly y terfynwyd cyfarfod tyseb y Tabernacl i'w gweinidog y Parchg William Thomas am ei wasanaeth iddynt dros ddeugain mlynedd.

Pythefnos yn ddiweddarach anrhegwyd William Thomas gan ei eglwys arall, Bethel, Llanddewi pan gyflwynwyd iddo godaid o aur.[34, 35, 36]

Ymateb Golygydd *Tarian y Gweithiwr* i'r newyddion am anrhegu William Thomas oedd datgan bod dyled ddirfawr iddo – nid yn unig gan ei enwad – ond gan Gymru ben baladr. 'Yn yr holl frwydrau… rhwng trais a gormes o un tu, a rhyddid a thegwch o'r tu arall, yng Nghymru, y mae Mr Thomas wedi cymryd lle amlwg fel gwrthwynebydd gormes…. Ni fedd yr Annibynwyr ddyn mwy pwysig.' Ac ymhellach, '…am ddyn cyflawn, llawn, cymesur, a chryf, nid ydym yn gwybod fod ei ragorach yn y Dywysogaeth.'[37]

Arferai y diweddar, Powell Maesgwyn, y cyn-aelod seneddol dros Orllewin Sir Gaerfyrddin ddweud am William Thomas, '…ei fod ef bob amser yn arfer edrych arno fel un o'r gweinidogion mwyaf ymneillduol, mwyaf di-dwyll, gonest ac egwyddorol yn sir Gaerfyrddin. Yr oedd yn ddyn *round* ym mhob peth, pan yn ymwneud a materion gwleidyddol a chrefyddol.'[38]

Cafwyd enghraifft o William Thomas yn ymwneud a mater gwleidyddol yn Festri Tabernacl ym mis Chwefror 1897 pan gyflwynodd bapur 'cynhwysfawr a gwerthfawr' ar y 'Mesur Addysg ddylai'r wlad gael gan Lywodraeth ei Mawrhydi.' Galwodd am i'r llywodraeth ysgwyddo'r baich o ddarparu addysg gynradd am ddim ac am sefydlu ysgolion canolradd a sicrhau parhad Coleg Aberystwyth. Llywydd y noson oedd un o ddiaconiaid y Tabernacl sef, Mr Evans, Bristol House ac fe basiwyd 'deiseb yn erbyn y Mesur Addysg sydd gerbron Tŷ y Cyffredin….' Trefnwyd i'r aelod seneddol dros Orllewin Sir Gaerfyrddin, Mr John Lloyd Morgan, gyflwyno'r ddeiseb i'r Tŷ.[39]

Yr un mis yng nghyfarfod o Gymdeithas Ddiwylliannol y Tabernacl defnyddiodd y darlithiwr, Mr Penar Griffiths, hud-lusern (magic lantern) i daflu lluniau ar sgrin i oleuo ei gyflwyniad ar 'Y Cenhadon Cymreig.'

2.16 Dyn Cyhoeddus Dylanwadol

Erbyn hyn roedd gweinidog y Tabernacl yn un o aelodau mwyaf blaenllaw Cyngor Sirol Caerfyrddin – fe'i dyrchafwyd yn Henadur ym 1898 – ac yn cario cymaint a hynny yn fwy o statws pan yn ymladd am degwch i'r bobl gyffredin. Er enghraifft, ef oedd yn llywyddu pwyllgor o Gynghrair Gwrth-Ddegwm y Ffermwyr yng Nghaerfyrddin ym mis Ebrill 1896 pan benderfynwyd i drefnu cyfarfod gyda Ffederasiwn Rhyddfrydol De Cymru er mwyn symud pethau ymlaen ar y ffrynt wleidyddol. Roedd William Thomas yn aelod dylanwadol o'r Ffederasiwn.

Naw mis yn ddiweddarach roedd William Thomas yng Nghaerfyrddin mewn 'cyfarfod mawr o amaethwyr a Rhyddfrydwyr siroedd Caerfyrddin, Aberteifi a Phenfro.' Methwyd dod o hyd i ystafell ddigon eang i gynnwys y dorf a rhaid oedd trefnu i annerch y cynulleidfaoedd mewn dau le.'!

'Mater y Tir' oedd dan sylw a llywyddwyd gan T.E. Ellis, A.S. Ymysg y siaradwyr yr oedd chwech aelod seneddol gan gynnwys David Lloyd George a John Lloyd Morgan, a phedwar gweinidog yr efengyl yn cynnwys William Thomas, Tabernacl, Hendy-gwyn. Mabwysiadwyd nifer o benderfyniadau megis cymorth i ffermwyr oedd wedi prynu eu tyddynnod am grogbris dan amgylchiadau eithriadol; iawndal i ddeiliaid am wella eu tyddynnod a sefydlu Llys Tirol i benderfynnu ardreth deg am y tyddyn.

2.17 Canolfan Brysur y Tabernacl

Degawd brysur fu'r 1890au yn hanes capel y Tabernacl fel canolfan gymdeithasol, diwylliannol a chrefyddol. Cyngherddau, darlithiau, cymanfaoedd a phregethau aethau a bryd y bobl a sicrhaodd y Parchg William Thomas a'u gynorthwywyr gweithgar arlwy gyfoethog ar eu cyfer. Er enghraifft ym 1893, deuddeng mlynedd ers i gôr oedolion yr Eglwys gyflwyno cantawd enwog y Dr Joseph Parry, sef 'Joseph', perfformiwyd y gwaith gan gôr plant y Tabernacl dan arweiniad Mr Isaac Newton Rees gyda'r plant yn adrodd hanes Joseph er goleuo'r gynulleidfa.[40]

Cymdeithas Ddiwylliannol y Tabernacl drefnodd i'r Parchg Elvet Lewis y bardd-bregethwr Elfed, draddodi ei ddarlith enwog ar 'Williams Pantycelyn' ym mis Rhagfyr 1895.[41]

2.18 Undeb Dirwestol

Ers canol yr 1880au roedd Undeb Dirwestol anenwadol wedi ei ffurfio yn Nyffryn

Taf a'r Cylch. Ystyrid y ddiod feddwol yn elyn pennaf cymdeithas ac unwaith eto roedd y Tabernacl ar y blaen oherwydd yn William Thomas roedd gan yr Eglwys un o arweinwyr mawr yr oes fel pregethwr dirwest ac fel ysgogwr y Gymanfa Ddirwestol. Er enghraifft, ar Sul olaf mis Tachwedd 1896 roedd y Tabernacl yn orlawn bore a hwyr i wrando ar y Parchg William Thomas yn cyflwyno pregeth Ddirwest.[42] Ac erbyn canol yr 1890au roedd y Gymanfa Ddirwestol flynyddol yn denu y fath dyrfa nes gorfodi'r swyddogion i ystyried rhannu'r ardal yn ddwy – un yn seiliedig ar yr Hendy-gwyn a'r llall ar Faenclochog.

Y sefyllfa yng Nghymanfa Henllan ar ddydd Mercher 19 Mai 1897 ddangosodd nad oedd y drefn a fodolai yn gynaliadwy oherwydd '…nid gorchwyl bychan oedd darparu te ddwywaith yr un dydd i ryw chwe chant o blant yr hyn a roddid yn rhad iddynt ar draul yr undeb heb son am y cannoedd ereill gymerodd dê drwy dalu chwe cheiniog amdano.' A sut y daeth y bobl ynghyd i Henllan o'r dalgylch eang? 'Difyr a dieithr oedd gweld dau agerbeiriant (*steam traction engine*) yn dyfod i fewn yn dywysogaidd gyda'u llwythi o ugeiniau o blant ac ereill o ardaloedd Maenclochog a Llandysilio a chlywed eu pwffian yn torri ar dawelwch oesol y fro.' Aeth cymaint o blant ag a fedrai capel Henllan gynnwys i fewn i gyd-adrodd eu catecism a chael eu holi yn 'ddoniol dros ben' gan Mr William Melchior, Llambed. O dan arweiniad Mr David Davies, Maengwyn [Efailwen] canasant amryw o donau cyn cael eu gollwng i gael tê – gannoedd ohonynt. 'Diau y cofia ugeiniau o'r plant ym mhen degau o flynyddoedd mai i ŵyl ddirwestol y cawsant agerbeiriant gyntaf i Henllan.'[43]

Ond nid y ddiod feddwol yn unig oedd yn bygwth y wlad; yn ôl credoau'r oes yr oedd y grefydd Babyddol yn 'Berygl i ddiogelwch Cymru yn wyneb yr ymosodiadau Pabaidd a wneir arni yn y dyddiau presennol.' Dyna oedd testun pamffled gyhoeddwyd ym 1897 gan weinidog y Tabernacl am 1½d drwy'r post. Yn ôl adroddiad yn *Y Tyst* '…pamphledyn rhagorol…. Nid oes ynddo ddim o'r ffug-foesgarwch sydd yn mallu llawer o'r mynegiadau a wneir yn fynych, dywedir ynddo y gwir plaen, goleu, mewn iaith gref a syml. Myner ei gael oddiwrth yr awdur, a gwasgarer ef ym mhlith hen a ieuanc.'

2.19 Cymanfa Gyd-Enwadol Dydd Nadolig

Roedd cymanfa ganu ar ddydd Nadolig yn ddigwyddiad cyffredin yr amser hynny ac yn yr Hendy-gwyn cynhelid cymanfa gyd-enwadol. Er enghraifft, ar ddydd Nadolig 1895 cynhaliwyd y cyfarfod bore am 10.00 o'r gloch yng nghapel y Bedyddwyr, Nazareth, dan lywyddiaeth y Parchg William Thomas gyda'r cerddor enwog o Lanwrtyd, Mr John Thomas (awdur y tonau poblogaidd, 'Blaenycefn',

'Aberporth', 'Cymod' ac 'Ar Ei Ben Bo'r Goron') yn arwain y canu. Yng nghapel y Methodistiaid, Bethania, y bu'r cwrdd prynhawn ac yna am 6.00 o'r gloch daeth 'cynulleidfa fawr iawn' ynghyd yn y Tabernacl gyda 'Mr Thomas, Llanwrtyd yn arwain yn ei lawn hwyliau.'[44]

Newidiwyd ychydig ar y drefn ar ddydd Nadolig 1897 pan benderfynwyd gael pregethu undebol yn ogystal a chanu. Roedd bri mawr ar bregethu yr amser hynny. Ond 'oherwydd rhywbeth, ni ymunodd y Bedyddwyr y tro hwn.' Cynhaliwyd cyfarfod y bore ym Methania ac un yr hwyr yn y Tabernacl. Llywyddwyd gan weinidogion y ddwy Eglwys a phregethwyd gan y Parchgn T.J.Morris, Aberteifi a P. Jones, Abergwaun. Arweinwyr y canu oedd Mri John Williams a Thomas Williams. 'Cawsom ddydd wrth ein bodd'.

2.20 Ysgol Sul Lewyrchus

Roedd llewyrch ar Ysgol Sul y Tabernacl hefyd ac yn eu 'cyfarfod pen chwarter' y Sabbath olaf y flwyddyn 1896 dan lywyddiaeth Mr P.N. Owen (fferyllydd a thad y Dr W.D. Owen) bu'r plant yn adrodd a chanu a siaradwyd gan amryw o rai mewn oed. Mr Isaac Newton Rees oedd yn arwain y gân. 'Gwedd lewyrchus iawn ar yr Ysgol.'

Ar ddiwedd bob blwyddyn arferai y Parchg William Thomas gyflwyno Pregeth Adolygiadol i'r gynulleidfa yn y Tabernacl ac am 1896 mae'r Tyst yn adrodd: 'Mae esgob parchus y Tabernacl yn pregethu pregeth neillduol nos ddiwethaf y flwyddyn…. Ei destun eleni oedd "Blwyddyn gymeradwy i'r Arglwydd". Cawsom bregeth ardderchog. "Yr Arglwydd a wnaeth i ni bethau mawrion". Mae rhif yr Eglwys erbyn hyn yn gryn nifer dros 400.'[45]

2.21 Adnewyddu Soar (1896)

Bu cyflwr capel Soar yn destun tipyn o drafod yn y 1890au. Roedd y capel yn cael ei ddefnyddio i gynnal Ysgol Sul a gwasanaethau claddu ac ym 1896 penderfynwyd adnewyddu'r adeilad. Ail-agorwyd Soar drwy gynnal cyfarfodydd ar nos Fawrth a dydd Mercher 6,7 Hydref 1896 pan gafwyd pregethau gan y Parchgn Penar Griffiths, Pentre Esyllt, Abertawe ac Elvet Lewis, Llanelli. Bu'r ddau bregethwr wrthi eto y bore canlynol yn Soar. Am 2.00 o'r gloch symudwyd i'r Tabernacl ac am y trydedd tro cafwyd pregeth gan Elfed ac hefyd un gan y Parchg O.R. Owen, Glandwr. Am 6.00 o'r gloch yn y Tabernacl traddodwyd dwy bregeth arall, un gan Y Parchg O.R. Owen a'r llall gan y Parchg D.R. Davies, Rhydyceisiaid. Casglwyd tuag at gost y gwaith adnewyddu gan adael tua £100 yn eisiau i glirio'r ddyled. 'Ni fydd hyn yn faich arnom – tebyg y telir yr oll yn bur fuan' oedd barn un aelod.[46]

2.22 Priodi

O ystyried mor brysur oedd bywyd William Thomas mae'n syndod ei fod wedi cael amser i briodi ei ail wraig! Ond dyna a wnaeth, gyda merch ddeng mlynedd ar hugain yn ifancach nag ef, ar ddydd Llun 18 Hydref 1897 yng nghapel Carfan gyda gweinidog y lle, y Parchg J. Williams, yn gweinyddu.

Yn ôl adroddiad *Y Tyst*, roedd 'y briodferch, Miss Amy Jones, Waundwrgi, Llanddewi yn un o gymeriad da, wedi ei chodi ar aelwyd grefyddol; y mae yn gantores o'r radd uchaf….' Aethant i fyw i gartref y gŵr sef, Rhydycwrt Cottage, Stryd y Santes Fair, Hendy-gwyn ar Daf.

2.23 Gŵyl Dê

Ar ddydd Gwener y Groglith roedd yn arferiad gan Eglwys y Tabernacl i gynnal gŵyl dê. Ym 1898 cyfarfu plant yr Eglwys a rhai oedolion am 1.00 o'r gloch yn festri y Tabernacl cyn gorymdeithio i Soar lle cynhelid 'cyfarfod byr ond diddorol iawn.' Yn ôl wedyn i'r Tabernacl i ddarganfod y byrddau ar y festri yn llawn o ddanteithion ar gyfer yr ŵyl de a gymerai le dros weddill y prynhawn.

Am 6.00 o'r gloch cynhelid cwrdd adrodd a chanu dan gadeiryddiaeth y Parchg William Thomas. Ceid eitemau gan unigolion a chan gôr plant yr Eglwys dan arweiniad Isaac Newton Rees a chôr y Tabernacl dan arweiniad Tom Davies.

2.24 Cadeirydd Yr Undeb

Roedd y Parchg William Thomas yn weithgar yn Undeb yr Annibynwyr Cymraeg ac wedi gweithredu yn un o dri Ysgrifennydd Cyffredinol am ddau gyfnod, 1884-85 a 1886-87. Ym 1898 cynhaliwyd cyfarfod blynyddol yr undeb yn Neuadd Goffawdwriaethol, Stryd Farringdon, Llundain dros dri diwrnod, 14, 15, 16 Mehefin. Tair wythnos cyn hynny ymddangosodd llythyr yn *Y Tyst* oddiwrth y Parchg O.R. Owen, Glandwr a Chefnypant yn annog cefnogaeth i ethol y Parchg William Thomas i Gadair yr Undeb am y flwyddyn ddilynol, '…[mae wedi] codi yr achos Annibynol yn Whitland i safle uchel. Heblaw hynny mae wedi cymeryd rhan flaenllaw iawn ynglŷn a materion gwladol a chymdeithasol ac wedi bod o wasanaeth mawr i'w wlad…. Os yw oes hir o wasanaeth amlwg i'w wlad ac i'w Dduw ynghyd a chymeriad dilychwyn yn gymhwysder i ddyn i fod yn Gadeirydd yr Undeb, y mae y Parchg William Thomas, Whitland yn gymhwys iawn a byddai yn dda gennyf ei weld yn cael ei ddewis.... Yr eiddoch yn wir, O.R. Owen.'

Roedd dros 250 yn bresennol yn y cyfarfod blynyddol yn Llundain a 160 o'r rheiny yn weinidogion. Etholwyd William Thomas yn ddi-wrthwynebiad i Gadair yr Undeb am y flwyddyn ganlynol pan fyddai'r cyfarfod blynyddol yn Llanelli. Am y flwyddyn 1899-1900 gwasanaethodd fel aelod o is-bwyllgor addysg yr Undeb.[47, 48, 49]

2.25 Cyhoeddi Casgliad o Bregethau y Parchg William Thomas

Fel y soniwyd eisoes roedd y cyfnod tua diwedd y bedwaredd ganrif ar bymtheg yn un lle roedd mynd mawr ar bregethu. Cymaint oedd atyniad pregethu yn yr Hendy-gwyn fel bod Eglwysi y Tabernacl a Nasareth wedi newid eu gŵyl undebol flynyddol adeg y Nadolig o fod yn gymanfa ganu i fod yn ŵyl bregethu. Yn hyn o beth roedd mantais fawr gan y Tabernacl oherwydd roedd ei gweinidog, y Parchg William Thomas, yn un o'r pregethwyr gorau yng Nghymru. Ac un nos Sul ddiwedd Hydref 1900 yn y Tabernacl '...gwnaed cais taer gan yr Eglwys at y Parchg William Thomas am iddo ddwyn drwy y wasg gyfrol o'i bregethau.' Pasiwyd yn unfrydol bod yr eglwys yn ysgwyddo cyfrifoldeb '...am nifer go fawr o'r llyfrau. Credwn y gwna Bethel yr un fath.' Ychydig dros flwyddyn yn ddiweddarach ymddangosodd cyfrol yn cynwys 22 o bregethau a bregethwyd gan Mr Thomas yn y Tabernacl: 'Geiriau Gwirionedd a Sobrwydd. Pregethau William Thomas, Whitland. Gwasg Rhymni.'

2.26 Ymgyrch Aelodaeth y Tabernacl

Un o nodweddion arbennig Eglwys y Tabernacl oedd yr ymdrechion a wnaed gan yr aelodau i ddenu pobl o'r tu allan i'r Eglwys i ymwneud a Christnogaeth ac i ymaelodi. Ceir disgrifiad o hyn yn *Y Celt* ddechrau 1901. Mae'n debyg bod aelodau Dosbarth Beiblaidd y Tabernacl ynghyd ag aelodau'r Cwrdd Bach yn trefnu gwledd o Dê a Bara Brith unwaith y flwyddyn ac fod pob un o'r aelodau yn gwahodd cyfaill i gyd-fwynhau o'r wledd am bump o'r gloch y prynhawn ac yna fod y cwrdd adrodd a chanu yn yr hwyr yn agored i'r cyhoedd. Yn y cwrdd ym mis Ebrill 1901 cymerwyd y rhannau arweiniol gan y Parchg William Thomas, Mr Scourfield, ysgolfeistr Ysgol y Cyngor a Mr Isaac Newton Rees, yr Emporium. Yn ychwanegol i'r adrodd a chanu cafwyd 'selections' o'r 'gramaphone' yng ngofal un Mr Griffiths oedd wedi dod a'r offeryn yr holl ffordd o Gaerfyrddin a hynny am ddim. 'Gwnaeth hyn y cyfarfod yn ddiddorol a melys dros ben.' Siaradwyd ym mhellach gan Mr

Thomas Williams, diacon a chodwr canu, Mr Evan Owen a Mr Griffith Williams, llywydd y Dosbarth Beiblaidd a'r Cwrdd Bach. Byrdwn neges yr holl siaradwyr oedd y daioni a gyflawnwyd gan y Dosbarth Beiblaidd wrth godi gwybodaeth o'r ysgrythyrau – rhywbeth a oedd, yn eu barn nhw, yn ddim erbyn hyn mewn cymhariaeth a'r hyn ydoedd yn oes eu tadau. Cyfeiriwyd hefyd yn adroddiad *Y Celt* at waith di-flino Mr Griffith Williams gyda'r bobl ifanc yn y ddwy gymdeithas ac nad oedd Mr Griffith Williams yn un i geisio ennill clod gan ddynion ond yn hytrach ei awydd oedd ymdrechu o blaid y 'Gwirionedd.' Cyfeiriwyd hefyd at Mr Griffiths, Llwyndewi, a oedd yn absennol oherwydd afiechyd, fel 'asgwrn cefn yr achos.'[50]

Dechrau mis Awst 1902 adroddodd diacon yn y Tabernacl, William Scourfield, yn *Y Tyst* am bleserdaith Ysgol Sul yr eglwys i Saundersfoot lle buont '…yn cyd-wledda allan yn yr awyr agored ar lan y mor' a'r '…gweinidog fel llanc ieuanc, mor fywiog a siriol a neb.'

Ond cyn diwedd mis Awst daeth digwyddiad diflas dros ben ar draws William Scourfield a'i bedwar plentyn sef marwolaeth ei wraig a mam y plant, Mrs Margaret Ann Scourfield, yn 39 mlwydd oed yn dilyn afiechyd hir dymor a oedd wedi ei ddioddef yn dawel a dirwgnach. Roedd y dyrfa ddaeth i'w hangladd yn fwy nas gwelwyd ers blynyddoedd ym mynwent Soar ac yn dyst i'r parch oedd iddi yn yr ardal. William Scourfield oedd ysgolfeistr Ysgol y Cyngor, Hendy-gwyn ers yn agos i 32 o flynyddoedd ac roedd yn ddiacon parchus yn y Tabernacl.[51]

2.27 Cynhadledd Sir Gâr yn y Tabernacl

Capel y Tabernacl oedd lleoliad Cymanfa Sir Gaerfyrddin yn y flwyddyn 1903 er mai ychydig yn gamarweiniol yw'r defnydd o'r gair 'cymanfa' gan mai Cynhadledd Annibynwyr Sir Gaerfyrddin oedd y cynulliad dau-ddiwrnod 19, 20 Mai. Yn ôl adroddiad *Y Celt* roedd y 'gynhadledd luosog' yn cynnwys tua hanner gweinidogion y sir, sef tua 30, ynghyd a lleygwyr. Un o'r cynigion a drafodwyd oedd: 'That this Conference of Congregationalists of Carmarthenshire, representing 97 Churches, comprising 21,000 members, at their Annual Association held at the Tabernacl, Whitland, May 19, 1903, offers its most solemn protest against any legislation which will interfere with the hitherto unfettered discretion of the Licencing Magistrates, or create a vested interest in the Liquor Licence, and hereby challenges Parliament to appeal to the constituencies on such purposes. Also that this resolution be sent to the Prime Minister, Campbell-Bannerman, and the Members of this County.'

Cynigiwyd gan y Parchg D.E. Williams, Henllan ac eiliwyd gan y Parchg D.R. Davies, Rhydyceisiaid. Fe'i pasiwyd yn unfrydol. Yr Annibynwyr felly yn mynnu y dylai materion lleol gael eu rheoli yn lleol.

2.28 Ysbryd Seisnigaidd yn Whitland ond y Tabernacl yn 'gref a hoew'

Diddorol yw adroddiad gohebydd answyddogol *Y Celt* ar rai materion cyffredinol adeg cynhadledd 1903. 'Ardal gysegredig Whitland' oedd ei ddisgrifiad o'r lleoliad oherwydd y cysylltiad a mawrion y gorffennol megis yr Athro Morgan, Caerfyrddin – genedigol o'r Fforge a Joshua Lewis, Henllan. Hawliodd bod y ffaith mai yma y cofnododd Hywel Dda gyfreithiau Cymru yn swyn i bob cenedlgarwr ond... '...mae tipyn o ysbryd Seisnigaidd yn Whitland heddiw a Chymry fel am ei borthi!'.

Dim ond clod oedd gan y gohebydd i Eglwys y Tabernacl gan ei disgrifio fel '...clod i weinidogaeth Mr Thomas; cafodd hi yn llesg ac eiddil, ond heddiw mae yn gref a hoew, yn lluosocach o lawer na'r un Eglwys yn y lle. Mae Annibyniaeth wedi gafael yn Whitland a'i berarogl iach yn yr awyrgylch....'. Ac ymhellach canmolwyd y bobl am baratoi '...yn dymhorol a'u hymborth, yn ysbrydol a'u gweddiau.... Nodweddid y trigolion gan foneddigeiddrwydd a sirioldeb'.[52]

2.29 Yr Eglwys Weithgar

Roedd diwedd y flwyddyn 1903 yn gyfnod prysur dros ben yn y Tabernacl. Ar nos Fercher 23 Rhagfyr cyfarfu'r Gweithlu yn y festri i gynnal cwrdd adrodd-a-chanu dan lywyddiaeth Mr John Phillips. Ar ddydd Nadolig 25 Rhagfyr cynhaliwyd y gymanfa undebol – Tabernacl a Bethania – yn y Tabernacl pan gafwyd dwy bregeth a digonedd o ganu dan arweinyddiaeth Enoch Rees a Tom Davies. Ac yna ar y 30 Rhagfyr cynhaliodd ysgol Sul y Tabernacl gwrdd adrodd-a-chanu yn y capel dan lywyddiaeth y gweinidog. Yn cyfeilio roedd Miss Williams, LLCM, Croft House, gyda Mr Newton Rees a Tom Davies yn arwain y canu. Arolygwr yr ysgol Sul oedd Mr David Cunnick.

'Cwrdd llwyddianus dros ben' yn ôl gohebydd *Y Tyst* er yr hoffai weld rhagor o ieuenctid yn ymddiddori mewn cwrdd o'r fath.

Efallai bod tri cwrdd adrodd-a-chanu mewn wythnos yn gofyn gormod o'r ieuenctid!

Roedd David Cunnick yn aelod ffyddlon a gwasanaethgar yn y Tabernacl. Postmon ydoedd wrth ei waith bob dydd ac roedd wedi cario'r post o'r Hendy-gwyn i Lanboidy am gwarter canrif cyn iddo gael cyfle i newid ei daith ac i gario'r post i Henllan yn hytrach nac i Lanboidy. Pan glywodd trigolion Llanboidy am hyn aethant ati i gasglu er mwyn anrhegu David Cunnick, gymaint oedd eu hedmygedd ohono. Casglwyd digon o arian i brynu oriawr aur iddo fel gwerthfawrogiad o'i wasanaeth.[53]

2.30 Diwygiad 04-05

Blynyddoedd Diwygiad Evan Roberts oedd 1904 – 05 ac fe gyrhaeddodd ei effaith yr Hendy-gwyn ym misoedd olaf 1904. Cynhaliwyd cyfarfodydd gweddi undebol rhwng y Methodistiaid a'r Annibynwyr bob nos erbyn mis Ionawr 1905 ac yn ôl adroddiad *Y Tyst*: 'Mae yma gyfarfodydd gwresog iawn. Gobeithiwn gael y dylanwadau mawrion yn fuan iawn.' Erbyn diwedd mis Mawrth 1905 medrau *Y Tyst* adrodd bod y cyfarfodydd '…yn para yn eu gwres a'u blas bob nos' a bod yr Eglwysi, y Tabernacl a Bethania, wedi '…derbyn lluaws o aelodau newydd.' Haerid bod y pentrefwyr wedi cael '…amser rhagorol… dros y misoedd diwethaf trwy deimlo "nerthoedd y byd a ddaw" i raddau helaeth.'[54, 55]

Efallai mai effaith y Diwygiad oedd i gyfrif am haeriad *Y Tyst* mai cymanfa ysgolion Sul cylch Hendy-gwyn gynhaliwyd yn y Tabernacl ym mis Gorffennaf 1905 oedd yr un oreu erioed.[56]

2.31 Jiwbili William Thomas

Roedd y flwyddyn 1905 yn garreg filltir nodedig i Eglwys y Tabernacl a'i gweinidog oherwydd dyma flwyddyn Jiwbili ordeinio y Parchg William Thomas ar ddydd Nadolig 1855. Cyfarfodydd di-rwysg yn ôl dymuniad y gweinidog a gafwyd i ddathlu'r achlysur. Mewn adroddiad yn *Y Tyst* nodwyd bod Mr Thomas wedi derbyn 1,150 o'r gynulleidfa, 1,295 drwy lythyr, wedi bedyddio 836 ac wedi claddu 997. Ym 1855 dim ond 65 oedd yr aelodaeth ond ym 1905 roedd dros 460. Felly roedd '…gwaith mawr wedi cael ei wneud.'

Daeth torf o weinidogion o'r ddwy sir (Caerfyrddin a Phenfro) i'r cyrddau dathlu ac i wrando ar ddau bregethwr gwadd sef y Parchgn J.G. Morris, Trefdraeth a T John, D.D., Llanelli yn traethu yn y bore ac yn yr hwyr. Yn y cwrdd prynhawn y talwyd teyrnged i William Thomas. Llywyddwyd gan Mr E.H. James, Y.H., Pontygafel, Glandwr ac efe a draddododd anerchiad agoriadol '…teilwng ohono ei hun ac o'r cyfarfod.' Cafwyd areithiau pellach gan 11 gweinidog ynghyd a rhai o ddynion blaenllaw y Tabernacl megis, Mri D Evans, Manordaf (Cyngorydd Sir), E Jones, M.A. (Prifathro Ysgol Ganolraddol, Hendy-gwyn), D. James, Park Street, Isaac Newton Rees, Emporium a W Scourfield (Ysgolfeistr Ysgol y Cyngor, Hendy-gwyn). Yn ôl gohebydd *Y Tyst* (W. Scourfield): 'Yr oedd ganddynt destun ardderchog i siarad arno…. Mae [Mr Thomas] wedi bod ar y blaen gyda phob mudiad oddiar ei ordeinio hyd heddiw.' Roedd wedi cyfranu '…yn eithriadol fawr…' at ganiadaeth y cysegr, dirwest, addysg, gwleidyddiaeth, Anghydffurfiaeth, Cynnulleidfaoliaeth a chrefydd ysbrydol. 'Mae Mr Thomas wedi treulio yr holl flynyddau hyn heb fod unrhyw anghydweld o bwys rhyngddo a'r Eglwysi. Mae ei ddiaconiaid… bob amser fel un gŵr o'i blaid – fel "bodyguard" – yn barod i'w amddiffyn. Dylai diaconiaid pob Eglwys fod felly.'[57]

2.32 Codi Gweinidog Ifanc

Dyma'r amser y bu i William Thomas gynorthwyo un o'i aelodau i fynd i'r weinidogaeth. John Adams oedd enw'r gŵr ac roedd wedi bod yn was bach ar fferm Banc-y-Saeson, Llanddewi ac wedi dod o dan ddylanwad y Parchg William Thomas yng nghapel Bethel, Llanddewi. Derbyniwyd John Adams yn aelod yn Bethel ym 1897 ond symudodd o'r ardal a bu i ffwrdd am rai blynyddoedd cyn dychweld i'r Hendy-gwyn ym 1903 ac unwaith eto dod o dan ddylanwad William Thomas ond yn y Tabernacl y tro hwn.

Yn ei eiriau ei hun mewn llythyr i ffrind dywed fel hyn: 'Ym mis Hydref 1906 ar gymhelliad, yn bennaf, Mr Griffith Williams, arweinydd doeth y cwrdd bach – cwrdd gweddi'r bechgyn ifanc – a chymhelliad swyddogion eraill yr Eglwys fe ddechreuais bregethu. Yn ystod anhwyldeb Mr Thomas cawsom amryw i wasanaethu yn ei le ac ar Sul ar ôl Sul bu'm yn dechrau oedfa'r hwyr i ddau neu dri o'r brodyr hyn ac yn ceisio pregethu yn y festri ar noson waith. Yn fuan wedyn fe ddanfonodd Mr Thomas amdanaf i siarad, mi debygwn, ynghylch fy mwriad i fod yn weinidog yr Efengyl. Cofiaf yn hir iawn y noson honno.

Fe'm magwyd i ar aelwyd lle perchid, os nad yn wir hanner addolid, gwas yr Arglwydd. Ni freuddwydiwn i, ragor nag eraill o blant yr ardal, basio'r pregethwr heb godi cap a dweud 'Syr' bob yn ail air pe ddigwydd iddo siarad a ni. Fe ddaeth llawer iawn o'r ofn parchedig hwn yn ôl pan ddaeth yr amser i dalu ymweliad a Mr Thomas. Gyda phetruster nid ychydig fe gurais yn bur ddistaw wrth ddrws ei dy gan ryw led obeithio na chawswn ateb.… Agorwyd y drws ac yn fuan wele fi yn eistedd gyferbyn a Mr Thomas ac yn siarad wyneb yn wyneb a phregethwr am y tro cyntaf yn fy myw, heb neb yn bresennol ond ef a minnau!

Nid wyf yn sicr i mi fod yn glir yn fy meddwl cyn cyrraedd yno beth a ddisgwyliwn i gymeryd lle, a'i gweddio, a'i gwrando pregeth neu o leiaf araith, ar waith a phwysigrwydd y weinidogaeth? Ofer bu pob dychymig o'r fath. Y peth a'm synnodd gyntaf oll, a mwyaf oll, y noson honno ydoedd symlrwydd a naturioldeb Mr Thomas – y modd y daeth yn agos ataf a'm gosod yn berffaith gartrefol heb yn wybod i mi… er i sawl awr fyned heibio, fe ddaeth yn bryd mynd – yn rhy gynnar o lawer!

Cefais bob caredigrwydd posib a llawer cyngor doeth ganddo. Yn fuan wedi hyn fe ddaeth yn bryd mynd i'r Ysgol yng Nghaerfyrddin ac yn ddiweddarach i'r Coleg yno. Mawr ydoedd y diddordeb a gymerai Mr Thomas yn fy holl symudiadau. Yn ystod y gwyliau mynnai wybod am fy ymdrechion i feistroli'r gwersi, hanes yr athrawon, a'm helynt ar hyd y wlad wrth wasanaethu'r gwahanol Eglwysi ar y Sul. Yn yr ymweliadau mynych hyn cefais ef yn ffrind ac yn dad mewn gwirionedd. Nid oedd ball ar ei ddiddordeb ynof, ei gyngor amserol a doeth ac yn anaml y deuwn ymaith heb dderbyn rhodd i brynnu llyfr neu i helpu talu am fy llety'.

Erbyn 1927 pan ymddangosodd yr adroddiad uchod yn rhifyn Gorffennaf 2 o'r South Wales News roedd John Adams yn weinidog ar Eglwys Annibynnol Saesneg, Maesteg.[1]

2.33 Yr Hybarch William Thomas yn colli ei Iechyd

O dan arweiniad Mr Tom Davies roedd Côr Merched y Tabernacl yn cyflwyno cyngerdd flynyddol yn Neuadd y Dref. Er enghraifft, yn Ebrill 1904 disgrifiwyd y cyngerdd fel un 'mawreddog'. William Scourfield gyflwynodd yr eitemau gyda y Parchg William Thomas yn y gadair. Dwy flynedd yn ddiweddarach cyflwynodd y Côr berfformiad o'r Ddrama Ddirwestol 'Harry Gray' dan arweinyddiaeth Tom Davies, gyda Miss Williams, LLCM, Croft House yn cyfeilio a'r meddyg Dr Williams yn y gadair. 'Aeth pawb drwy eu rhan yn rhagorol' oedd dyfarniad Y Tyst.[58]

Nid oedd gweinidog y Tabernacl yn bresennol yn y cyngerdd ym 1906 a'r rheswm am hynny oedd ei fod yn dioddef o afiechyd. Dau fis yn ddiweddarach bu raid iddo fynd i'r ysbyty a thros y tri mis canlynol fe gafodd ddwy law-driniaeth feddygol. Dychwelodd William Thomas o Abertawe i'w gartref ddydd Llun 17 Medi 1906.

Ond bregus fu ei iechyd o hyn ymlaen ac ni fu'n bosib iddo mwyach gario allan ei waith fel gweinidog yn y ffordd arferol. O ganlyniad penderfynodd Eglwysi'r Tabernacl a Bethel, Llanddewi i alw gweinidog i gynorthwyo y Parchg William Thomas yn y gwaith.

Ysgrifen ar y mur yn Soar.

Bythynnod Soar lle cynhelid ysgol ddyddiol gan yr Annibynwyr o'r 1850au hyd 1877
pryd agorwyd ysgol gynradd newydd yn yr Hendy-gwyn.

Cynhaliwyd Ysgol Sul yn yr adeilad un-llawr ym 1840.

Y Parchg David Phillips,
Gweinidog cyntaf Soar 1849-1853.

William Thomas

42

Cario cerrig o Amroth i adeiladu Tabernacl

Y Tabernacl

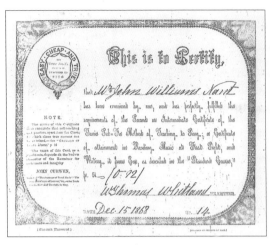

Tystysgrif John Curwen wedi ei harwyddo:
W. Thomas *Whitland Examiner*.

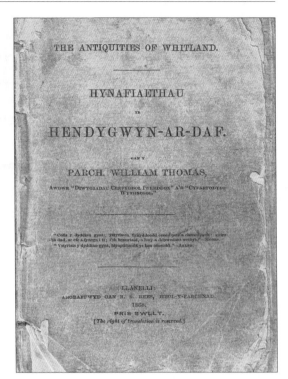

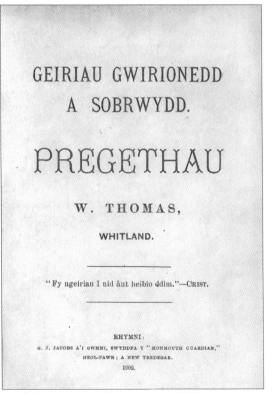

Llyfr oedd 'yn werth ei bwysau mewn aur'

Cyfrol yn cynnwys 22 o bregethau William Thomas.

Yr Anerchiad Goreuredig. Gellir ei weld yn Festri Tabernacl.

Y Rechabiaid Ieuanc. Y bechgyn a'r merched yn gwisgo 'sash' gwyn.
Yr oedolion yn gwisgo 'sash' du a mewnosiad o lâs.

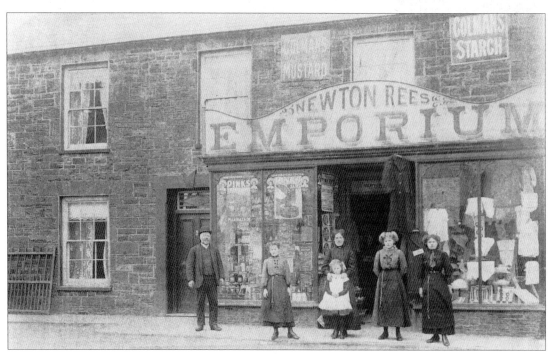

Siop Newton Rees yn yr Emporium.
O'r chwith: Isaac Newton Rees (Diacon ac athro Ysgol Sul yn y Tabernacl); --------?,
Beryl Rees (y ferch); Elinor Bowen Rees, (Cynorthwydd), ---------?, -----------?

County School, Whitland.

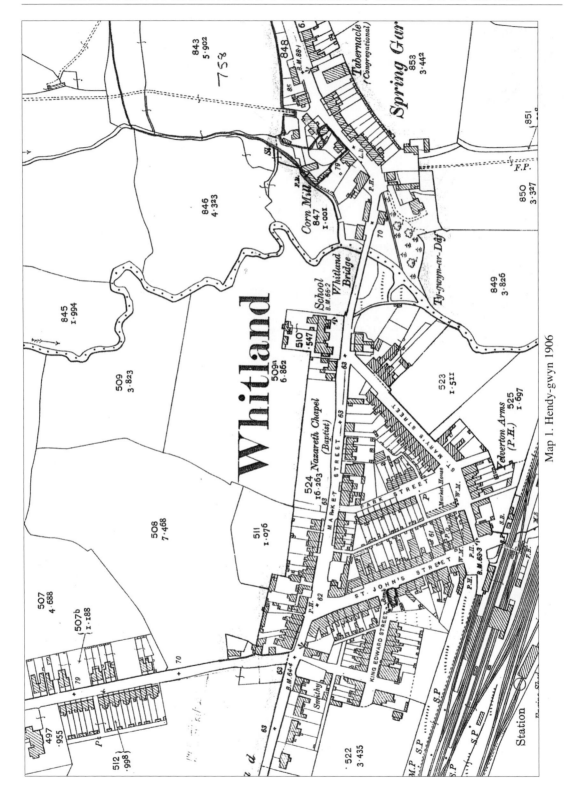

Map 1. Hendy-gwyn 1906

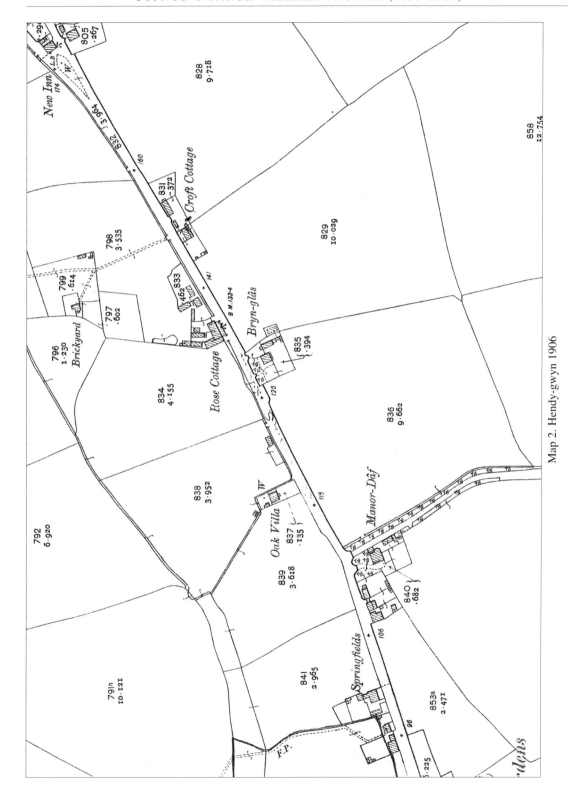

Map 2. Hendy-gwyn 1906

49

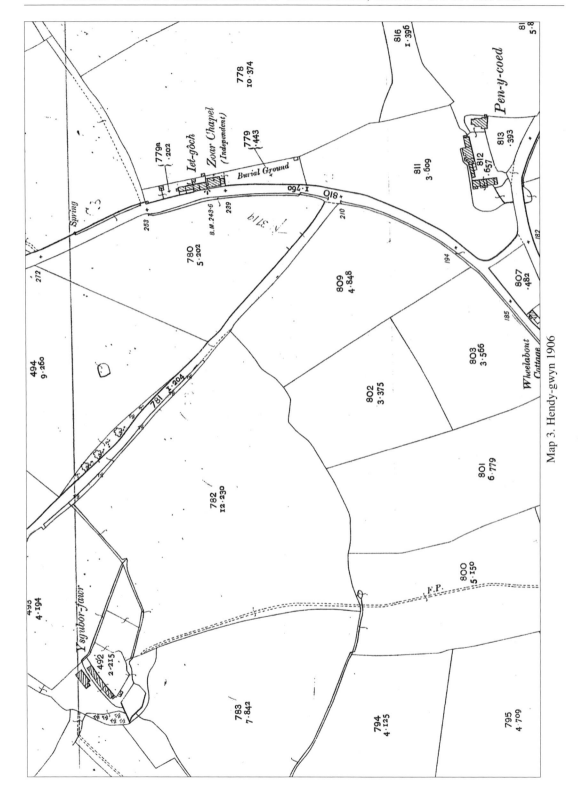

Map 3. Hendy-gwyn 1906

~ 3 ~

CYFNOD Y PARCH GWILYM HIGGS B.A.
(1907-1949)

3.01 Galw y Parchg Gwilym Higgs B.A.

Ar Sul 7 Ebrill 1907 cytunwyd yn unfrydol i ddanfon galwad i fyfyriwr 32 mlwydd oed yn Athrofa Aberhonddu, Mr Gwilym Higgs, a oedd yn enedigol o Gwm Nedd, wedi byw am amser byr yn Ton yr Ystrad, Cwm Rhondda cyn i'w rieni setlo yn Rhydaman lle mynychent Eglwys y 'Christian Temple'. Bu Gwilym yn ddisgybl yn ysgol y Gwynfryn dan Watkin Wyn a Gwili cyn mynychu Coleg y Brifysgol, Caerdydd lle graddiodd yn B.A. cyn symud ymlaen i Athrofa Aberhonddu.[59]

Fis cyn yr alwad o'r Tabernacl a Bethel derbyniodd Mr Higgs alwad gan Eglwys Bethlehem, Caerdydd. Cyfaddefodd Gwilym Higgs yn ddiweddarach iddo gael ei ddal gan amheuon am y ffordd ymlaen a bod hyn wedi dod i glyw yr 'hen weinidog'. Y canlyniad fu i William Thomas ddanfon llythyr i Gwilym Higgs i'w sicrhau nad oedd eisiau iddo 'ofni fy nghysylltiadau i a'r Eglwys. Helpu ym mhob modd fydd fy ngwaith i, yn ôl fy ngallu.' Yn ôl Gwilym Higgs '…bu cystal a'i air – yn ŵr bonheddig ym mhob dim.' Derbyniodd Mr Higgs yr alwad ddiwedd mis Ebrill ac ar ddydd Mawrth a Mercher 27, 28 Awst 1907 fe'i ordeiniwyd yn gyd-weinidog i'r Parchg William Thomas ar Eglwysi Tabernacl a Bethel.[60]

Ym Methel y bu cyfarfod prynhawn dydd Mawrth ond nos Fawrth bu cyfarfodydd yn y ddau gapel gyda dwy bregeth ym mhob un. Yn y Tabernacl y pregethwyr oedd y Parchg Elvet Lewis, M.A. (Elfed) a'i frawd, Thomas Lewis, M.A., B.D. Prifathro Coleg Coffa, Aberhonddu a draddododd yn Saesneg. Bu'r seremoni ordeinio yn y Tabernacl brynhawn Mercher dan lywyddiaeth 'yr hen weinidog'. Siaradwyd ar ran y Tabernacl gan William Scourfield (Diacon ac Ysgolfeistr Ysgol y Cyngor) a Mr Newton Rees (Diacon, Arweinydd Canu gyda'r plant ac a oedd yn cadw siop yr Emporium).[61]

Sylwodd gohebydd *The Welshman* bod y canu yn ardderchog o ystyried nad oedd organ yn y Tabernacl a bod y cyfan yn dibynnu ar arweiniad Mr Tom Davies a'i seinfforch.

3.02 Gweithgarwch y Tabernacl yn Parhau

Nid oedd pall ar weithgarwch aelodau Eglwys y Tabernacl. Er enghraifft, roedd côr yr Eglwys dan arweiniad Tom Davies yn enwog am gyflwyniadau cyffrous o gantawdau a hynny yn rheolaidd. Dangosodd y gweinidog newydd ei fod am ddilyn esiampl William Thomas a chydweithredu gyda'r côr i gynorthwyo'r gynulleidfa i ddeall cynnwys y cyflwyniadau. Er enghraifft, ar fore Sul 5 Ionawr 1908 yn y Tabernacl traddododd y Parchg Gwilym Higgs bregeth ar y proffwyd Jonah fel rhagbaratoad ar gyfer cyflwyniad yn yr hwyr gan y côr o'r gantawd gysegredig 'Jonah'.

Yr unawdwyr oedd Miss Alice Rees, Miss Gladys Harries, Mrs Tom Davies, Mr D. Morgan Rees a Mr Tom Harries. Adroddwyd gweddi Jonah gan Miss Elsie Davies. Miss Williams, LLCM oedd y gyfeilyddes. 'Aeth popeth… yn hwylus iawn.'[62]

Dangosodd y Parchg Gwilym Higgs fore Sul 24 Mai 1908, ei frwdfrydedd dros gynnal ac hyrwyddo'r achos yn y Tabernacl drwy gynnal cwrdd arbennig i'r plant – a oeddent '…yn llanw y rhan fwyaf o'r oriel'. Cyflwynodd '…bregeth ardderchog.' Adroddwyd dwy salm gan y plant – un yn Saesoneg a'r llall yn Gymraeg – a chanasant donau ac anthemau dan arweiniad Mr Newton Rees. Miss Blodwen Harries oedd wrth 'yr offeryn cerdd' (piano mae'n debyg gan nad oedd organ yn y capel.) Canodd y gynulleidfa luosog donau cynulleidfaol gyda Mr Tom Davies yn codi canu a Miss Williams LLCM wrth yr offeryn.[63]

Gofalwr a glanhawr y capel dros ddegawdau cyntaf yr ugeinfed ganrif oedd Mrs Mari Thomas, gwniyddes, oedd ar ddechrau'r ganrif yn byw yn un o fythynnod Soar lle roedd hefyd yn gwerthu loshin. Yn ôl ysgrif Mrs Olwydd James roedd yn arferiad gan Mari ar y Sul i eistedd yn lobi'r capel 'yn ei sailor het fach ddu, ffedog satin ddu, shol ddu am ei gwar a brooch ynddi – hyd nes i rai o'r diaconiaid gyrraedd, yna cymerai ei sedd arferol yn y gynulleidfa.' Ond bywyd rhyfeddol o drist gafodd Mrs Mari Thomas. Collodd ei gŵr, John, ym 1891 pan oedd hwnnw ddim ond yn 43 mlwydd oed ac erbyn 1906 roedd chwech o'i saith plentyn wedi marw. Ym 1911 roedd Mari wedi symud o Soar i Meadow Cottage, Hendy-gwyn lle roedd yn dal i weithio fel gwniyddes.

3.03 Ffurfio Cangen Dirwest y Merched

Roedd y mudiad Dirwestol yn ei fri yr amser hynny ac roedd William Thomas wedi arwain y ffordd flynyddoedd ynghynt drwy sefydlu Gobeithlu yn y Tabernacl a oedd o hyd yn cwrdd yn wythnosol dan arweiniad Mri Newton Rees a William Thomas y masnachwr llwyddianus. Ym 1908 sefydlwyd Cangen Hendy-gwyn o Undeb

Dirwestol Merched y De. Yng nghyfarfod blynyddol cyntaf y gangen yn y Tabernacl ym mis Mai 1909 dangosodd merched yr ardal nad oeddent yn swil o annerch yn gyhoeddus ac o dan lywyddiaeth Mrs Thomas (gwraig yr Hybarch William Thomas), siaradodd Mrs Williams, Glasfryn, Miss Thomas a Mrs Beynon, St Clears, Miss Williams o Lundain, Miss Watkins, Mrs Morris, Mrs Walters, Miss Rees, Miss Morris a Miss Harries, ynghyd a gweinidogion Hendy-gwyn.

Roedd hefyd gangen ddirwest weithgar arall wedi ei sefydlu gan swyddogion y rheilffordd gyda chymorth y Parchg William Thomas, Mr Evans, B.Sc., Mr William Thomas y masnachwr a William Scourfield.

Rhan o'r mudiad Dirwestol oedd Urdd y Rechabiaid ac ar nos Sadwrn 11 Ionawr 1908 bu aelodau Pabell Gobaith yr Urdd yn yfed tê yn festri y Tabernacl. Yr oeddynt hefyd wedi gwahodd amryw o ddirwestwyr eraill i ymuno a hwy. 'Ar ôl mwynhau y wledd…' cafwyd cyfarfod dan lywyddiaeth y Prif Reolwr, Mr David Thomas, a siaradwyd ymhellach gan y Parchgn William Thomas, G. Higgs, B.A a M Jones, B.A.; Mri G Williams, William Scourfield, John Phillips (Cwmfelin), D.J. Morgan, D.T. Evans, B.Sc., Tom Davies, P.W. Watkins, John James a Levi Morris. Cyflwynwyd unawdau gan Miss Rees, Mrs Tom Davies, Mr Vincent Thomas, Mr Tom Davies a'r Parchg Morgan Jones B.A. Miss Williams LLCM oedd y cyfeilydd. 'Penderfynwyd yn unfrydol ein bod… i fod yn llawer mwy ymosodol ar y cawr gelynol hwn trwy fyned allan i'r heolydd i ganu a siarad Dirwest.'[64]

3.04 Cyrddau Mawr. Helaethu'r Fynwent

Tua dechrau'r ugeinfed ganrif y dechreuwyd son am 'gyrddau mawr' sef cyrddau pregethu a gynhelid unwaith y flwyddyn ac fel arfer byddai enwadau eraill y dref neu'r ardal yn cau am y Sul arbennig hwnnw a'u haelodau yn mynychu'r 'cyrddau mawr'. Byddai'n gyfle i'r gynulleidfa weld a chlywed mawrion yr enwadau yn 'perfformio' mewn oes lle nad oedd radio na theledu yn bod. Dydd Sul 20 Medi oedd dyddiad cyrddau mawr y Tabernacl am y flwyddyn 1908. Roedd tri pregethwr gwadd yn bresennol. Bu un ohonynt yn pregethu dair gwaith – bore, prynhawn a hwyr. Bu un arall yn traethu yn y bore a hwyr a'r trydydd yn y prynhawn yn unig ac yn y Saesoneg. Roedd casgliad ym mhob cyfarfod a daeth swm o £140 i law tuag at y gost o helaethu mynwent Soar.[65]

Prynwyd erw o dir oedd yn ffinio a'r fynwent oddiwrth Captain Thomas am £75 a bu costau ychwanegol am y cerrig o gware Glogue i adeiladu wal o amgylch y fynwent.

Mae'n debyg mai ym mis Medi y cynhaliwyd y cyrddau mawr neu'r cyrddau blynyddol hyd y flwyddyn 1974 o leiaf. Erbyn 1983, roedd dyddiad y cwrdd blynyddol wedi ei symud o fis Medi i fis Ebrill ond oherwydd na nodwyd dyddiad cynnal y cwrdd blynyddol yn yr adroddiadau blynyddol o 1975 hyd 1982 ni wyddys yr union pa flwyddyn y gwnaed y newid.

3.05 Ymddeoliad Yr Hybarch William Thomas

Bu perthynas agos iawn rhwng y ddau weinidog yn y Tabernacl ond nid oedd iechyd Mr Thomas yn caniatau iddo gyfrannu fel yr hoffai a chyn diwedd y flwyddyn 1908 fe ymddeolodd '…yn llwyr ar ôl bod dros 53 mlynedd yn weinidog llwyddianus yn y lle.'[66] Cyhoeddwyd yn *Y Tyst* 6 Ionawr 1909 bod 'eglwys y Tabernacl wedi penderfynu yn galonogol i wneud Tysteb deilwng o'r hen arwr… manylion pellach yn fuan.' Ar 10 Chwefror 1909 yn y Tabernacl ymgasglodd torf luosog o weinidogion a lleygwyr o'r gwahanol enwadau yn 'Whitland, St Clears, Llanboidy, Henllan etc 'i 'drefnu ar gyfer y dysteb.…' Etholwyd Y Parchg Gwilym Higgs yn gadeirydd, Mr B.T. Davies yn is-gadeirydd, Mr Evans, Manordaf yn ysgrifennydd a Mr Rees Davies, Springfield yn drysorydd. Addawyd y 'ceir manylion pellach eto'. Ym mis Tachwedd 1909 cyhoeddwyd rhestr o 50 o enwau tanysgrifwyr i'r Dysteb; roedd 20 o rheiny o'r Hendy-gwyn a'r gweddill o bob rhan o'r wlad gyda'r Aelod Seneddol dros Orllewin Caerfyrddin, J Lloyd Morgan, ar frig y rhestr wedi cyfrannu £5. Cyfanswm y gasgliad ar y pryd oedd £47.[67] Pymtheg mis yn ddiweddarach cyhoeddwyd yn *Y Tyst* bod y casglu i Dysteb yr Hybarch William Thomas yn cau ar 22 Chwefror 1911.[68] Methwyd dod o hyd i unrhyw sylw arall am y Dysteb hon yn y papurau ond hawliodd adroddiad yn *Y Tyst* ar ôl marw William Thomas ar ddydd Sul 19 Mawrth 1911 bod 'mwy nag un dysteb' wedi eu cyflwyno iddo yn ystod ei oes.[69]

3.06 Plant Y Gobeithlu Yn Gwneud Eu Rhan

Plant Gobeithlu'r Tabernacl fu'n cyflwyno'r '…gantawd dlos The Royal Gifts' o flaen torf yn y Tabernacl ym mis Mawrth 1909 ac roedd eu harweinydd Mr Newton Rees wedi gwneud ei waith mor drwyadl fel nad oedd gofyn iddo wneud fawr o arwain ar y noson gan mor feistrolgar oedd gwybodaeth y plant o'u rhannau. Miss Blodwen Harris oedd wrth y berdoneg.[70]

Tri mis yn ddiweddarach roedd y plant wrthi eto yn Henllan yng Nghymanfa Ysgolion Sul y cylch sef, Tabernacl, Llanboidy, Capel Mair, Cwm Miles a Henllan. Yn arwain y canu yr oedd neb llai na'r cerddor godidog ac enwog, Mr Caradog Roberts, Mus.Bac. (Oxon), Rhosllanerchrugog ac roedd ei bresenoldeb mae'n siwr wedi cyfrannu at y ffaith bod y capel yn orlawn drwy'r dydd.[71]

3.07 Yr Eglwys Saesneg

Fel y nodwyd yn barod roedd William Thomas wedi ceisio diwallu'r angen am gyfle i addoli drwy'r Saesneg yn yr Hendy-gwyn yn ôl yn yr 1880au. Yn negawd gyntaf yr ugeinfed ganrif roedd un o ddiaconiaid y Tabernacl, Mr Ebeneser Thomas, yn cynnal dosbarth ysgol Sul drwy gyfrwng y Saesneg. Ar achlysur ei ail briodas yn 1908 dangosodd deg aelod ei ddosbarth eu gwerthfawrogiad o'i ymdrech drwy gyflwyno copi o'r Holly Bible iddo. Ond mae'n debyg nad oedd yr arferiad cynyddol o gynnal gwasanaethau dwyieithog yn y Tabernacl yn plesio unrhyw un ac yn sicr ddim y mwyafrif llethol o'r aelodau sef y Cymry Cymraeg.[72]

Penderfynodd y Parchg Gwilym Higgs fynd i'r afael a'r sefyllfa drwy gynnal gwasanaeth Saesneg bob Sul yn Neuadd y Parc (Grosvenor). Bu'r cwrdd cyntaf ar ddydd Sul 5 Rhagfyr 1909 ac erbyn mis Mawrth y flwyddyn ganlynol roedd yn glir bod galw am sefydlu Eglwys ar wahan i anghydffurfwyr Saesneg ardal Hendy-gwyn. Penderfynwyd sefydlu Eglwys Saesneg ar nos Lun 7 Mawrth 1910 mewn cyfarfod yn Neuadd y Parc. Yn bresenol yr oedd y Parchgn Gwilym Higgs a William Thomas ynghyd a hanner dwsin o weinidogion yr ardal ynghyd a'r Parch. J. Williams, Saundersfoot, ysgrifennydd Undeb Annibynwyr Saesneg Sir Benfro a'r Parchg D.J. Thomas, Caerfyrddin, ysgrifennydd Undeb Annibynwyr Saesneg De Cymru. Roedd dau o ddiaconiaid Tabernacl yn bresennol sef Mr Ebeneser Thomas, Tower House a Mr Griffith Williams, Roseberry House ac roedd y ddau am drosglwyddo eu haelodaeth i'r Eglwys newydd. Roedd gan Mr Higgs restr o 79 o enwau pobl, yn cynnwys 58 o aelodau Tabernacl, oedd am ymaelodi yn yr Eglwys Saesneg.

Erbyn diwedd mis Medi 1910 roedd yr Eglwys Saesneg wedi sicrhau darn o dir cyfleus i adeiladu arno yn Stryd y Gorllewin ac wedi casglu 'swm anrhydeddus' a'r fam Eglwys wedi addo £100 iddynt ar ddydd yr agoriad. Y bwriad oedd adeiladu capel 'i ddal rhyw drichant ar gost o tua mil o bunnau.'

Ar brynhawn dydd Mercher 28 Medi cynhaliwyd seremoni gosod carreg sylfaen y capel newydd dan lywyddiaeth y Parchg Gwilym Higgs pan osodwyd y garreg – rhodd gan Mr Stephen Williams, Whitland Monumental Works – yn ei lle gan yr Hybarch William Thomas.[73] Wrth waelod y garreg claddwyd potel yn cynnwys llun o'r Parchg William Thomas, darnau o arian y deyrnas, rhifyn yr wythnos o'r Narberth, Whitland and Clynderwen Weekly News ynghyd a dau bapur dyddiol Caerdydd.

Cynlluniwyd y capel gan Mri. Morgan, Penseiri o Gaerfyrddin a'r adeiladwyr oedd Mri. Rees and Sons o Felin Lan. Agorwyd y lle ar 23 Mai 1911 a gollyngwyd 60 o aelodau o'r Tabernacl ynghyd a 3 diacon i ffurfio'r Eglwys newydd. Dim ond un o'r tri diacon, sef Griffith Williams, painter, Roseberry House wnaeth aros yn aelod o'r Eglwys Saesneg; daeth y ddau arall Mr Ebeneser Thomas, Tower House a Mr E.H. James yn ôl i'r Tabernacl ar ôl cynorthwyo gyda'r Ysgol Sul a gyda'r canu am rai misoedd.[1]

3.08 Adnewyddu'r Tabernacl... Organ... o'r Diwedd! (1910)

Roedd tipyn o drafod wedi cymryd lle ers cryn amser ynglŷn ag adnewyddu capel y Tabernacl ac, yn ychwanegol, am gael organ i'r lle. Yng nghyrddau mawr yr Eglwys ym mis Medi 1909 cyhoeddwyd bod y casgliad yn mynd tuag at 'atgyweirio'r capel.' Yn ôl yr hanes roedd rhai o'r diaconiaid yn erbyn cael organ ac am gario ymlaen i ddibynnu ar y seinfforch i'w cynorthwyo i gadw mewn tiwn. Yn y diwedd cytunwyd i symud gyda'r amserau ac i gynnwys organ-bîb yn y cynlluniau. Cymerodd yr adeiladwyr, Mri Stephen Walters a William John at y gwaith adnewyddu yn haf 1910. I wneud lle i'r organ symudwyd y pulpud yn nes i'r canol. Cynlluniwyd ac adeiladwyd y pulpud newydd gan Mr Stephen Walters – un o grefftwyr gorau'r fro – a sicrhaodd Mr Walters bod gan y Tabernacl un o'r pulpudau harddaf yn y wlad a oedd yn addurn teilwng o'r Deml.[1]

Ail baentiwyd yr adeilad tu fewn a tu faes. Newidiwyd y lampau olew am rai nwy a chafwyd radiators nwy i dwymo'r lle.

Costiodd yr organ – un ail-law – tua £200 a bu Mr Tom Davies, y codw'r canu ac arweinydd côr y capel, yn rhyfeddol o ddiwyd yn casglu arian – y rhan fwyaf oddiwrth aelodau'r Tabernacl – er mwyn clirio'r gost. Prynwyd yr organ oddiwrth Mri Blackett and Howden, Newcastle upon Tyne. Roedd gwaith coed yr organ o 'polished pitch pine' ac o liw oedd mewn gwrthgyferbyniad llwyr a lliw'r seddi yn y capel oedd yn bwrpasol dywyll er cof am Albert gŵr y Frenhines Fictoria oedd wedi marw yn ifanc ym 1861.

Yn ystod misoedd y gwaith adnewyddu cynhaliwyd cwrdd bore Sul yn Soar ac oedfa'r hwyr yn Neuadd y Dref.

Defnyddiwyd y capel ar ei newydd wedd am y tro cyntaf ar nos Sul 20 Tachwedd 1910 ac fe bregethodd y Parchg Gwilym Higgs ar Salm 84: 'Mor hawddgar yw dy bebyll di o Arglwydd y lluoedd.'

Y noson ganlynol cafwyd 'organ recital' i agor yr offeryn-cerdd newydd gan Donald Lott Ysw., Abertawe. Un o blant y Tabernacl oedd llywydd y noson sef, Alfred Howells o Abertawe. Artistiaid eraill ar y noson oedd y soprano Miss Maggie Lewis (Llinos Arlwydd) o Waunarlwydd, y contralto Miss Winnie Stephens, Llansteffan a'r bas Mr J Amos Jones, Llanelli. Cafwyd areithiau byr a phwrpasol gan weinidogion yr Eglwys a llwyddwyd i gasglu tua £40 o'r gynulleidfa.
Y Sabbath canlynol pregethwyd yn y bore, prynhawn a hwyr gan y Parchg Evan Keri Evans, M.A. gweinidog Eglwys y Priordy, Caerfyrddin. 'Cyfarfodydd rhagorol er fod y tywydd yn anffafriol iawn.'[74]

Mae'n werth sylweddoli bod gofyn chwythu aer i'r organ-bîb er mwyn cael swn allan ohono ac i'r pwrpas hwn roedd drws yn ochr yr organ yn agor i ystafell fechan lle eisteddau 'chwythwr yr organ' yn pwmpio megin-law lan-a-lawr i sicrhau bod digon o aer yn llifo drwy'r pibau i alluogi'r organydd i greu'r gerddoriaeth. Pan nad oedd eisiau pwmpio eisteddai'r chwythwr mewn sedd bwrpasol ar ei gyfer rhyw gam neu ddau o'i guddfan yn yr organ. Mae'r cyfan (ar wahan i'r chwythwr) i'w gweld hyd y dydd heddiw. Gŵr a adnabyddwyd fel Wil Felin neu Dacu'r Felin oedd y chwythwr am ran helaeth o hanner cyntaf yr ugeinfed ganrif. Bu farw yn 80 mlwydd oed ym 1937.

Swyddi eraill yn yr eglwys yr amser hynny oedd 'Tanwyr y Tanau' a 'Gofalwyr y Drysau a Chasglwyr'.[1]

Yn gynharach yn y flwyddyn roedd y Tabernacl wedi colli pedwar aelod y gellid cyfeiro atynt fel rhai unigryw. Ym mis Ionawr bu farw 'hen chwaer annwyl' Mrs Sarah Thomas (Sal) yn gan mlwydd oed. Roedd wedi byw gyda'i merch yn yr Hendy-gwyn ers cryn amser er mai Hebron oedd bro ei mebyd ac yno y claddwyd hi. Un arall oedd Mr Caleb Evans – y postman – ffyddlon a chymwynasgar; fe'i claddwyd ym mynwent Antioch. Y trydydd oedd Mr David Evans, Bristol House yn 75 mlwydd oed. Yn enedigol o Hebron roedd wedi byw yn yr Hendy-gwyn ers ugain mlynedd. Roedd yn ddiacon yn y Tabernacl ac yn bregethwr cynorthwyol; fe'i claddwyd ym mynwent Soar. Y pedwerydd oedd Mr Benjamin Phillips, Clifton Villa yn 60 mlwydd oed; 'un o'r rhai mwyaf difyr y daethom i gyffyrddiad ag ef erioed – pawb yn hoff o gael ymgom a "Phillips y Box" fel y gelwid ef.' Claddwyd yntau ym mynwent Soar.[75]

3.09 Undeb yr Eglwysi Rhyddion

Erbyn diwedd y bedwaredd ganrif ar bymtheg roedd cytundeb cyffredinol ymysg yr enwadau y dylai fod gwell cyd-ddealltwriaeth a mwy o gydweithrediad rhyngddynt ac o ganlyniad ffurfiwyd Undeb yr Eglwysi Rhyddion ym 1895.[76] Ni fu William Thomas yn hir cyn ffurfio Cangen o'r Undeb ar gyfer yr Hendy-gwyn a'r ardal ac roedd y Parchg Gwilym Higgs yn gefnogwr brwd o'r Undeb. Cynhelid cyfarfod o'r gangen bob hyn a hyn i roi cyfle i weinidogion a lleygwyr yr ardal i drafod 'pethau'. Er enghraifft, yn Nazareth, Hendy-gwyn yn Ebrill 1910 bu'r canlynol yn dweud-eu-dweud: yr Hybarch William Thomas, y Parchgn D.E. Williams, Henllan Amgoed, Gwilym Higgs, B.A., M Jones, B.A., Hendy-gwyn, J. Jones. Hermon, Llanfyrnach, J. Jones, B.A., Bethesda a'r Mri. David Davies, Maengwyn, Efailwen, Thomas Davies, Pretoria, Llanglydwen a William Scourfield, Tabernacl, Hendy-gwyn.[77]

(O ran diddordeb un o aelodau Eglwys y Tabernacl ar y pryd oedd dyn busnes yn y dref o'r enw P.W. Watkins oedd yn cadw siop ddillad ac un o'i weithwyr oedd bachgen ifanc o'r enw W.H. Mathias – mab i James Mathias, Cwmbach, Login. Roedd W.H. Mathias wedi bod i ffwrdd yng Nghaerdydd yn gweithio mewn siop ddillad er mwyn iddo gael fwy o brofiad o sut i redeg y busnes. Wedi dod yn ôl cyhoeddodd Watkins ei fod am gymryd Mathias yn bartner busnes iddo ac mai enw'r siop o hynny ymlaen fyddai Watkins a Mathias. Bydd rhai yn cofio prynu iwnifform a bag lledr yn siop Watkins a Mathias wrth iddynt baratoi ar gyfer mynychu Ysgol Ramadeg Hendy-gwyn.)[78]

3.10 Marw Yr Hybarch William Thomas

Ar ddydd Sul, 19 Awst 1911 bu farw'r Hybarch William Thomas yn ei gartref, Bwthyn Rhydycwrt, Hendy-gwyn yn 78 mlwydd oed. Pennawd cyhoeddiad *The Welshman* oedd 'Once a Great Welsh Leader' ac aeth yr adroddiad ymlaen i ddisgrifio William Thomas fel '...a veteran Nonconformist Leader, an ultra Radical, an ardent Welsh Nationalist and a keen controversialist....' Mewn colofn arall yn yr un papur ceir y disgrifiad canlynol ohono: 'Few ministers have lived [like he did], taking part in political, social and the moral welfare of his country for 54 years and left so fair and unblemished a reputation. He was singularly independent of man's praise or blame. He was bold and courageous in all his undertakings and convictions. Yet never let an expression to be delivered that tended to hurt any personal feeling of his opponents. He was a zealous Nonconformist and a veritable crusader for the rights of liberty and conscience.'[79]

'Gwas Da' oedd pennawd adroddiad amdano yn *Y Tyst*; '[Roedd] Mr Thomas yn 'ideal' weinidog – pregethwr adeiladol, gofalus o'i braidd, roedd ganddo ddawn yr arweinydd a'r gwladwr dylanwadol, fel y daeth yn dra buan yn ŵr blaenllaw gyda holl fudiadau ei Enwad, gwleidyddiaeth, addysg, dirwest a phob daioni yng ngorllewin sir Gaerfyrddin. Aelod gwerthfawr o fyrddai cyhoeddus. Meddai gryn wroldeb pan ddelai brwydr, fel y dengys y rhan flaenllaw a gymerodd ym mrwydr y Degwm a'i amrywiol lythyrau i'r wasg Gymraeg a Saesneg ar faterion cyhoeddus. Mae'r cynnydd mawr yn Annibyniaeth Whitland a'r cylch yn gofgolofn ragorol iddo.'

Yn ôl adroddiad *Y Tyst* '...nid oes cof gan neb am y fath dorf [mewn] angladd erioed yn yr Hendy-gwyn.... O Rydycwrt [ei gartref] i'r Tabernacl bu gorymdaith fawr anhrefnus oherwydd bod y dyrfa o wyr, gwragedd a phlant yn llanw'r heol.... Llanwyd y Tabernacl mewn ychydig funudau a bu'n amhosib i bawb fynd i mewn hyd yn oed i sefyll.... Yr oedd yr holl wasanaeth yn llaw y gweinidog y Parchg Gwilym Higgs B.A.... Roedd yr orymdaith [i gladdfa Soar] lle yr ordeiniwyd ef ym 1855 yn drefnus (tua 2000) gyda'r gweinidogion yn blaenori, [yna] y Rechabiaid ieuanc – pob bachgen a merch yn gwisgo "sash" gwyn – ac yn eu dilyn [roedd] oedolion o'r Rechabiaid yn gwisgo "sash" du a mewnosod o las ac yna disgyblion yr

Ysgol Ganolradd – yr oedd Mr Thomas yn sylfaenydd ohoni ac yn reolwr hyd ei farwolaeth – a'r dorf enfawr yn canlyn….' Yr oedd yr olygfa ar y ffordd i'r fynwent yn un i'w chofio yn hir. Roedd dros 30 o… weinidogion a chynrychiolwyr o bob rhan o'r wlad yno… yn cynnwys yr Aelod Seneddol, John Hinds, a derbyniwyd dros 50 o negeseuon yn ymddiheurio am absenoldeb…. Coffawdwriaeth y cyfiawn sydd fendigedig….'[80]

Yn ei ewyllys gadawodd William Thomas £200 yr un i'r Tabernacl, Bethel, Soar a'r eglwys Saesneg.[81]

Ni fu Mrs Thomas fyw yn hir ar ôl marwolaeth ei phriod ac ar 11 Medi 1912 bu hithau farw yn 50 mlwydd oed. Yn wraig hynod garedig wrth bawb roedd Mrs Thomas yn Llywydd Cymdeithas Merched y De, yn athrawes Ysgol Sul ac yn aelod o gôr y Tabernacl. Fe'i claddwyd gyda'i gŵr yn Soar.[82]

Ar farwolaeth Mrs Thomas trosglwyddwyd yr 'Anerchiad Goreuredig', hynny yw teyrnged ar ffurf llythyr oddiwrth Eglwys y Tabernacl i'w gweinidog, yn ôl i'r Eglwys ac fe'i gwelir heddiw yn hongian ar fur yn y festri.

3.11 Cyrddau Mawr Yn Gwrthdaro

Fel y cofnodwyd eisoes nid oedd Bedyddwyr yr Hendy-gwyn yn dewis ymuno gyda'r Annibynwyr a'r Methodistiaid yn eu cyrddau undebol; er enghraifft Cymanfa ddydd Nadolig. Awgryma digwyddiad ym mis Hydref 1911 nad oedd llawer o siarad rhwng y Tabernacl a Nasareth ar y pryd. Dydd Sul 22 Hydref oedd Sabbath cyrddau mawr y Tabernacl gyda'r Parchg Joseph James, B.A., Llandysilio yn pregethu. Ond credwch neu beidio roedd cyrddau mawr Nasareth ar yr un diwrnod a phregethwr gwadd wedi teithio yr holl ffordd o'r Porth yn y Rhondda! Mae'r ffaith i'r ddwy Eglwys gytuno i gynnal un cwrdd prynhawn yn y Tabernacl, ac i gael dwy bregeth, yn dangos nad oedd llawer o'i le ar eu perthynas. Yn ôl adroddiad William Scourfield casglwyd £100 at y ddyled [dim eglurhad pa ddyled] a 'Gobeithio na ddigwydd ein cyfarfodydd mawrion fod ar yr un dydd eto.'[83]

Mae'n bosib mai dyled yr organ oedd i'w chlirio oherwydd ym mis Rhagfyr cynhaliwyd Organ Recital 'ardderchog iawn' yn y Tabernacl dan lywyddiaeth Lady Courtney Mansel – roedd ei gŵr, Sir Courtney Mansel, yn gobeithio dod yn ymgeisydd seneddol Rhyddfrydol dros Orllewin Caerfyrddin ac felly mae'n sicr y byddai yn hael ei gyfraniad i lond capel o Ryddfrydwyr y Tabernacl. (Colli allan i John Hinds wnaeth Sir Courtney yn y diwedd). Yr organyddes 'feistrolgar' oedd Miss James (Megan Glantawe) a'r cantorion oedd Madame Penfro Rowlands, Treforis, (ei phriod oedd William Penfro Rowlands, genedigol o Llys-y-Fran, Penfro ac awdur yr emyn dôn Blaenwern), Sidney Charles, Llanelli ynghyd a'r lleol

Miss Rees a Mrs Tom Davies a chôr mercherd y Tabernacl dan arweiniad Mr Tom Davies.[84]

Ganol mis Hydref 1912 cyhoeddwyd bod Mr William Scourfield, aelod a diacon blaenllaw yn y Tabernacl, yn ymddeol ar ôl 42 mlynedd fel ysgolfeistr Ysgol y Cyngor yn yr Hendy-gwyn. Trefnwyd tysteb gyhoeddus iddo a thri mis yn ddiweddarach fe'i anrhegwyd a Thlws Aur ynghyd a swm o £50. Roedd y Neuadd Gynnull yn orlawn ar noson anrhegu 'Whitland's Grand Old Man.'[85]

3.12 Y Gymdeithas Ddiwylliannol

Roedd Mr Higgs mor daer a'i ragflaenydd yn ei awydd am sicrhau parhad y Tabernacl fel canolfan ddiwylliannol. Er enghraifft, adroddwyd yn *Y Tyst* ym mis Chwefror 1912 amdano yn cyflwyno 'darlith ardderchog' ar 'Emynwyr Sir Gaerfyrddin' i aelodau'r Gymdeithas Ymdrechol a'r dymuniad oedd ei fod yn ei 'thraddodi i'r Eglwys gyfan ryw nos Sul.' Yn yr un adroddiad cyfeirir at lwyddiant Dr William David Owen – mab Mr Phillip Nicholas Owen, Fferyllydd ym Medical Hall, Hendy-gwyn ac aelod yn y Tabernacl – yn graddio yn M.R.C.S. a L.R.C.P. ac yntau ddim ond yn 23 mlwydd oed.[86]

Roedd tipyn o drefn ar Gymdeithas Ddiwylliannol y Tabernacl. I ymaelodi rhaid oedd prynu rhaglen y tymor am 1 geiniog. Y rheolau ydoedd:

1. Cwrdd unwaith yr wythnos ar nos Fercher.
2. Dechrau am 7.30; gorffen am 8.40.
3. Amser i gyflwyno papur = 20 munud; arweinwyr mewn dadl yn cael 15 munud, eraill 5 munud.
4. Cydnabyddid meddiant o'r rhaglen yn amod aelodaeth.
5. Disgwylir ffyddlondeb a phrydlondeb.

Rhai o destunau a ddadleuwyd:

1911-12
A ddylai merched gymeryd rhan yng ngwaith cyhoeddus yr Eglwys? (Mr Will John a Miss Betsi Rogers)

Mantais ynte rhwystr i Gristnogaeth ydyw Sectyddiaeth? (Tom Davies a Daniel Davies)

1912-13
A ddylid rhoi pleidlais i ferched? (David Nicholas a David Davies)

Bod darllen nofelau yn niweidiol.

1913-14
A yw gwisg yn amlygiad o gymeriad?

A ddylid cyflwyno Addysg Grefyddol yn ein ysgolion elfennol? (Morris Jones a D.T. Evans)

Pa un yw'r mwyaf niweidiol i deulu – Tad swrth ynte Mam feddal?

1927-28
Dadl rhwng Tabernacl (cadarnhaol) a Bethania (Nacaol):
A ddylai llwyrymwrthodiad fod yn amod aelodaeth eglwysig?[1]

3.13 Tê a Chyngerdd y Groglith yn Parhau

Roedd y Groglith yn parhau i fod yn ddiwrnod y tê parti a chyngerdd i'r holl enwadau yn yr Hendy-gwyn yn negawdau cyntaf yr ugeinfed ganrif gyda'r siopau ar gau er galluogi pawb i fwynhau'r arlwy. Yn y Tabernacl dechreuwyd pethau yn y prynhawn gyda thê a bara brith ar y festri gan ddilyn hyn yn yr hwyr gyda chwrdd adrodd, areithio a chanu. Plant bychain a mawrion dan arweiniad Isaac Newton Rees gyda Miss Blodwen Harries wrth yr offerynau cerdd yn cael ei chynorthwyo gan Miss Mildred Owen, Miss Bella Rogers a Miss Sally Scourfield. O leiaf roedd cynorthwy i Miss Harries y diwrnod hwn – yn wahanol i ddiwrnod y Gymanfa Ysgolion Sul y Cylch yn Henllan ym mis Gorffennaf pan fu 'Miss Blodwen Harries wrth yr organ drwy'r dydd a'r lle yn orlawn a'r tywydd yn dwym.'[87]

3.14 Y Parchg Gwilym Higgs yn Priodi

Unig ferch Mr Caleb Rees, Whitland House, Groser yn y dref, a'i wraig Frances oedd y gantores ifanc, Alice Mary Rees, y cyfeiriwyd ati uchod ac mae'n amlwg ei bod wedi gwneud argraff fawr ar y gweinidog newydd dros flynyddoedd cyntaf ei weinidogaeth pryd yr oedd yn lletya gyda Mrs Mary Phillips ym Mrynglas, Spring Gardens. Ym mis Mai 1913 priodwyd Alice Mary Rees, 21 mlwydd oed, a Gwilym Higgs yn y Tabernacl ac ar ddiwedd mis Medi trefnwyd tê parti i ddathlu'r achlysur ac i gyflwyno anrhegion i Mr a Mrs Higgs.

Ar ran dosbarth ysgol Sul Mrs Higgs cyflwynodd Mr James Harries rose bowl a llyfr emynau i'r wraig ifanc. Y dyn busnes Mr W. Thomas gafodd y fraint ar ran pobl ifanc y cyfarfod gweddi i gyflwyno dwy gyfrol werthfawr i Mr Higgs ac ar ran yr eglwys cyflwynodd y diacon hynaf, Mr Ebeneser Thomas, Tower House, godaid o aur i Mr Higgs. Yn ôl yr adroddiad yn *Y Tyst* Mr a Mrs Higgs dalodd am y tê a'r danteithion. Nodwyd hefyd nad oedd William Scourfield, diacon blaenllaw yn yr Eglwys, yn bresennol oherwydd afiechyd.[88]

Aeth y gweinidog a'i wraig i fyw i Rhif 1, King Edward Road cyn symud i'r Elms yn Heol y Gogledd ac yna i Gwyndaf yn Spring Gardens.

Diwedd mis Medi 1913 bu farw aelod a diacon ffyddlon yn Eglwys y Tabernacl sef, Ebeneser Thomas, Tower House ger Tygwyn-ar-Daf, porthor ar y rheilffordd wedi ymddeol. Roedd wedi claddu ei wraig gyntaf, Margaret, ym 1906 ac roedd eu ddwy ferch wedi marw yn ifanc, un yn 16 mlwydd oed ym 1891 a'r llall yn 23 mlwydd oed ym 1896. Ail briododd Ebeneser – a Margaret arall – ac yn ei ewyllys sicrhaodd bod Tower House i aros yn gartref i Margaret am weddill ei hoes. Ar ôl ei dyddiau hi roedd y tŷ i fynd i Eglwys y Tabernacl ar yr amod bod yr Eglwys yn cytuno i edrych ar ôl beddau ym mynwent Soar a berthynai i deuluoedd Tower House a Melin Trefechan a'u cadw mewn cyflwr a fyddai'n foddhaol yn nhyb dau nai ei wraig. Fel arall byddai'r tŷ yn mynd i'r ddau nai.

Deng mlynedd yn ddiweddarach pan fu farw Margaret daeth Tower House yn eiddo Eglwys y Tabernacl; newidiwyd ei enw i Glan Gronw a symudodd y Parchg a Mrs Higgs i'r Mans ym 1924. Nid oes sôn bod y ddau nai wedi cael achos i feddiannu'r tŷ.[89]

3.15 Marw William Scourfield

Colled fawr i Eglwys y Tabernacl ac i'r ardal yn gyffredinol ym mis Mehefin 1914 oedd marw Mr William Scourfield cyn-ysgolfeistr Ysgol y Cyngor yn yr Hendy-gwyn am 41 mlynedd. Genedigol o Henllan Amgoed – mab y gof, John Scourfield a'i wraig Sarah; pan ymddeolodd ym1912 fe'i anrhegwyd a thysteb gyhoeddus. Roedd yn gyfaill mynwesol i'r diweddar Hybarch William Thomas ac ef bellach oedd diacon hynaf yr Eglwys. Arferai William Scourfield ddanfon adroddiadau am weithgareddau Eglwys y Tabernacl ac am ddigwyddiadau yn 'Whitland' yn gyffredinol i'r Tyst yn rheolaidd ac yn anffodus daeth neb yn lle 'W.S.' fel gohebydd – anfantais fawr i ymchwilwyr hanes yr Hendy-gwyn. Ambell waith defnyddiau ffug-enw sef 'Gwilym Amgoed'.

Un o'r ychydig gyfeiriadau at y Tabernacl a ymddangosodd yn *Y Tyst* ar ôl oes 'W.S.' oedd pennill yn Ebrill 1915 i gyfarch Denys, mab bychan y Parchg a Mrs Gwilym Higgs B.A., gan Ifan Afan sef y Parchg Ifan Afan Jenkins gweinidog Moriah, Blaenwaun:

'Proffwydoliaeth –
Un o deg wên, a di-gonach, – eithaf
  Bregethwr, o linach;
Llawn, heb goll, a neb o'i gallach:
  Dyna, os byw, fydd Denys bach.'[90]

Yn y flwyddyn 1914 helaethwyd festri y Tabernacl drwy estyn yr adeilad allan i'r wal derfyn ar ochr uchaf y capel. Ystyriwyd ail-ddodrefnu'r festri hefyd ond rhoddwyd y cynlluniau o'r neilltu pan dorrodd y rhyfel allan.[1]

3.16 Parhad Y Cymanfaoedd Dirwestol

Rhyfel neu beidio doedd dim atal y cymanfaoedd Dirwestol. Er enghraifft, yn Awst 1915 capel hynafol Henllan oedd mangre cymanfa flynyddol Undeb Dirwestol Dyffryn Taf ac yn ychwanegol at y gweinidogion, roedd hefyd yn bresennol nifer helaeth o leygwyr blaenllaw yn cymryd rhannau arweiniol yn y cyfarfodydd. Er enghraifft, llywydd y cwrdd plant am 12.00 o'r gloch oedd Mr H Hughes, arolygwr chwareli llechi y Gilfach, Llangolman. Holwyd y plant gan y Parchg Ifan Afan, Moriah, Blaenwaun ac arweiniwyd y canu gan Mr John Davies, Felincwrt, Login. Ar ôl cael eu gwala o dê a bara brith aeth pawb yn ôl i'r capel lle dechreuwyd yr oedfa gan y Parchg Gwilym Higgs, B.A., y Tabernacl ond llywyddwyd cwrdd y prynhawn gan Mr W. Roch, Aelod Seneddol Sir Benfro a gyflwynodd 'araith ardderchog ar Ddirwest.' (Yn Saesneg maen debyg). Cafwyd nifer o areithiau eraill yn cynnwys un gan y Parchg D.J. Lewis, B.A., Tymbl ac un gan John Hinds, Aelod Seneddol Gorllewin Caerfyrddin. Arweiniwyd y canu gan Mr J Scourfield, Blaenwern ddu, Henllan. Llywyddwyd cyfarfod yr hwyr gan Mr John Hinds, A.S. ac yn bresennol yr oedd Mr Jonathan Lewis, trysorydd Rechabiaid y cylch ynghyd a'r ynadon E.H. James, Pontygafel, Glandwr, David Davies, Maengwyn, Efailwen a Thomas Davies, Pretoria, Llanglydwen.

Er mor llwyddianus yr achlysur yn Nyffryn Taf, maen debyg nad oedd pethau cystal yn Nyffryn Cleddau oherwydd roedd cais oddiwrth Undeb Dirwestol Dyffryn Cleddau am iddynt gael ymuno gyda Dyffryn Taf i gynnal un gymanfa ar y cyd yn y flwyddyn ddilynol. Cytunwyd i'r cais.[91]

Am ddau ddiwrnod 14,15 Rhagfyr 1915 daeth Eglwys y Tabernacl i'r adwy drwy gytuno i gynnal cyfarfodydd chwarterol Annibynwyr Gorllewin Sir Gaerfyrddin 'yn gynt na'i thro.' Trefnwyd a llywyddwyd yr holl gyfarfodydd gan y Parch Gwilym Higgs. Am hyn roedd y Gymanfa yn hynod ddiolchgar ac yn arbennig felly '…am sirioldeb y chwiorydd pan yn gweini arnom wrth y byrddau ac am y caredigrwydd yn y llety-dai.'

Un o'r cynigion a drafodwyd yn y gynhadledd ydoedd hwnnw yn gofyn i'r Bwrdd Rheoli Diod (Liquor Control Board), oedd newydd ei sefydlu gyda chefnogaeth frwd Lloyd George, i ddatgan bod yr holl o Gymru a Sir Fynwy yn Ardal Arfau (Munitions Area). Canlyniad hyn fyddai gosod rheolau llym ar werthiant diodydd alcoholig er mwyn lleihau gor-yfed a oedd yn bla yng ngwledydd Prydain ar y pryd ac yn arfer andwyol a pheryglus dros ben o fewn llefydd lle cynhyrchid arfau rhyfel. Yn amlwg roedd yr Annibynwyr – a oeddent dan ddylanwad trwm y mudiadau Dirwestol – wedi gweld eu cyfle i leihau y gor-yfed yng Nghymru drwy gategoreiddio'r holl wlad yn Munitions Area. Pasiwyd y cynnig yn unfrydol yn enw 47 o eglwsi ac 8,650 o aelodau a miloedd o wrandawyr.[92]

Ym mis Mawrth 1917 mewn cyfarfod o Undeb Dirwestol Dyffryn Taf haerodd Mr E.H. James, Y.H., Pontygafael, Glandwr '…bod meddwdod wedi ei ymlid bron yn llwyr o'r dyffryn a'r yfed yn mynd yn llai ac yn llai o hyd.' Ar yr un pryd… 'bernid oherwydd sefyllfa annymunol pethau yn y dyddiau hyn mai gwell fyddai peidio cynnal y Gymanfa eleni.' Ac roedd y bwriad o gynnal Cymanfa ar y cyd gyda Dyffryn Cleddau heb ei wireddu oherwydd '[costau uchel] ymborth a thraul teithio.' Diweddwyd y cyfarfod drwy weddi gan y Parchg Gwilym Higgs B.A.[93]

3.17 Y Parchg Gwilym Higgs yn y Rhyfel Mawr

Ym mis Awst 1917 aeth y Parchg Gwilym Higgs i Ffrainc am 4 mis 'I weini ar ein milwyr o dan y Y.M.C.A.' Ac yn ôl adroddiad Ifan Afan yn *Y Tyst* cyflwynodd Eglwys y Tabernacl 'rodd sylweddol iddo – codaid anrhydeddus o aur' cyn iddo adael yr Hendy-gwyn.[94] Erbyn hyn Ifan Afan, gweinidog Moriah, Blaenwaun, oedd, bob-hyn-a-hyn, yn danfon adroddiadau i'r Tyst o ardal yr Hendy-gwyn – a diolch iddo am wneud hynny – ond mae'n siwr bod darllenwyr y papur yn hiraethu am adroddiadau rheolaidd ei ragflaenydd y diweddar William Scourfield. Barn un gohebydd am weinidog ifanc y Tabernacl oedd: 'He is one of the most energetic young ministers in the Congregational denomination and succeeded the late Rev William Thomas, Whitland, a west Wales worthy.'[95]

Roedd y Y.M.C.A. yn darparu gwersylloedd yn cynnwys cantîn, capel, neuadd gyngerdd, llyfrgell ac amryw o ystafelloedd ar gyfer, er enghraifft, chwaraeon ac astudio lle gallai'r milwyr orffwys rhwng yr ysbeidiau o ymladd ar y llinell flaen. Gwasanaethu yn y gwersylloedd hyn fel caplan wnai Mr Higgs. Bu 29 o fechgyn oedd yn aelodau yn y Tabernacl yn y fyddin yn ystod y rhyfel mawr a thestun diolch yw medru cyhoeddi i'r cyfan ddychwelyd yn ddiogel o'r gyflafan.[1]

Tra roedd Mr Higgs yn Ffrainc gwerthwyd ystad Tynewydd ond trosglwyddodd y perchnogion y tir oedd yn safle i gapel y Tabernacl yn rhad i'r Eglwys.

Croesawyd y gweinidog yn ôl o faes y gad ar ddechrau Ionawr 1918 drwy gynnal cyfarfod cyhoeddus yn y Tabernacl dan lywyddiaeth un o ddiaconiaid yr Eglwys, Mr John Owen, Cynghorydd Dosbarth oedd yn byw yn Pantyderi. Ar ran Eglwys y Tabernacl estynnwyd croeso iddo gan dri aelod, Mri James Harries, W Wainwright a David Nicholas. Siaradwyd ymhellach gan weinidogion neu gynrychiolwyr o Eglwysi'r dref a'r cylch. Cafwyd unawdau gan Miss A.M. Lewis, Miss Elinor Rees, Miss Hettie Thomas a Mr Gwilym Evans ac fe ganodd y plant ddwy gân wladgarol. Diddorol yw'r ffaith mai trwy ganu Hen Wlad Fy Nhadau, a dim byd arall, y terfynwyd y noson.[96]

3.18 Gwella'r Festri

Enghraifft o weithgarwch aelodau'r Tabernacl oedd cychwyn trysorfa dodrefnu'r festri gan y bobl ifanc ym 1920 ac er mwyn codi arian cynhalient eisteddfodau a chyngherddau. Penderfynodd pwyllgor y festri bod eisiau scullery a mynedfa gyfleus iddi o'r festri ac o'r lobby. Ac yn ychwanegol aethpwyd ati i ddodrefnu'r festri a lliwio'r waliau.[1]

3.19 Llestri Cymundeb (1921)

Ym 1921 penderfynwyd y dylid cael llestri cymundeb unigol i'r Eglwys a chasglwyd ymysg yr aelodau i dalu amdanynt. Cyn hynny yr arferiad oedd bod chwech diacon yn cael potel o win a gwydr yr un ac iddynt hwy grwydro'r capel i ddosbarthu'r cymundeb ymysg y gynulleidfa.

Adlewyrchid gweithgaredd wythnosol y Tabernacl yn rhestr Cyfarfodydd yr Eglwys. Er enghraifft, yn Adroddiad 1921 cofnodir y canlynol:

Sabboth

10.15 a 6.15	Cyfarfod Pregeth.
12.00	Cyfarfod y Bobl Ieuainc, Llywydd: Mr J Griffiths.
2.00	Ysgol Sul yn y Tabernacl a Soar.

Nos Lun

Cyfarfod Gweddi, Llywydd: Mr William John,

Nos Fercher

6.00	Y Gobeithlu, Llywydd: Mr Newton Rees

3.20 Llewyrch yr Ysgol Sul yn y 1920au

Yn ei anerchiad ym 1921 estyn y gweinidog ei longyfarchiadau i'r chwe diacon oedd newydd eu hethol ac a oedd yn cynnwys y cyd-ysgrifenyddion arianol Mri. J. M. Jones, Ashgrove a D.T. Evans, Ysgwyn. Roedd y chwech yn ychwanegiad at y naw oedd yn y set fawr yn barod. Yn yr un anerchiad geilw y Parchg Gwilym Higgs am 'fwy o sylw' i'r Cwrdd Gweddi ac i'r Ysgol Sul – 'magwrfa'r Eglwys.' Bu ymateb calonogol i'w apêl ac roedd cof gan rai am lewyrch rhyfeddol yr Ysgol Sul yn y 1920au dan arweiniad Mr Isaac Newton Rees. I sicrhau lle, rhaid oedd troi lan yn gynnar. Cynhelid Ysgol Gân am 1.30 cyn dechrau'r Ysgol Sul am 2.00.[1]

Siopwr oedd Mr Newton Rees (1859-1924); cadwai siop ddillad a siop groser yn yr Emporium. Bu yn ysgrifennydd gohebol y Tabernacl am flynyddoedd a threuliodd ei oes yn hyfforddi plant y festri. Roedd yn boblogaidd gan y plant a'r bobl ifanc er ei fod yn barod i'w disgyblu pan dybiai fod galw drwy roi clatshen i'r troseddwr. Ond byddai loshin ganddo i gynnig er lleddfu'r boen. Cymerai Mr Rees ddiddordeb arbennig yn y mewnfudwyr i'r ardal – gweision a morynion ffermydd yn bennaf – a byddai yn eu croesawi yn lobby'r capel ar y Sul a gwneud yn siwr bod cwmni ganddynt ynghyd a llyfr emynau. Amser tê-parti'r Groglith, os byddai rhai plant yn absennol oherwydd afiechyd byddai Mr Rees yn sicrhau bod darn o deisen yn cyrraedd y cartref.

Un a roddodd wasanaeth gwerthfawr i holl weithgareddau'r Eglwys oedd Mrs Higgs ac roedd yn arbennig o gefnogol i'r ysgol Sul. Ffrwyth ei chyd-weithio gyda ei hwncwl Mr Isaac Newton Rees ac eraill oedd y cantata a berfformiwyd yn flynyddol gan ieuenctid yr Eglwys.

Pan fyddai rihyrsal canu yn Henllan arferai plant y Tabernacl gasglu ar sgwar y Grosvenor cyn cyd-gerdded y 3 milltir i Henllan. Wrth gwrs roedd rhai plant o lefydd fel Cwm Waungron, Pantyderi a Penglogue wedi cerdded i fyny hyd at 2 filltir i gyrraedd sgwar y Grosvenor ond byth y clywyd rwgnach yn eu mysg.

Cafodd y plant le amlwg yn angladd Mr Newton Rees ym 1924; caewyd ysgol y Cyngor am y dydd er mwyn i'r plant ffurfio rhan o'r orymdaith o'r Tabernacl i fynwent Soar ac roedd y cyfan, fel yr oedolion, yn gwisgo rhuban du am un fraich.

Cerddor mawr arall yn y Tabernacl yn hanner cyntaf yr ugeinfed ganrif oedd Mr Tom Davies– y cyfeiriwyd ato yn barod. Genedigol o Lanbedr Efelffre daeth i'r Hendy-gwyn yn ifanc fel prentis teiliwr ac ymaelododd yn y Tabernacl. Aeth i ffwrdd i Ferndale yn y Rhondda i ymarfer ei grefft am rai blynyddoedd lle cafodd brofiad o ganu gyda rhai o gorau mawr y cymoedd – roedd Tom Davies yn leisiwr gwych. Ar ôl iddo ddychwelyd i'r Hendy-gwyn cymerodd at arweinyddiaeth côr y Tabernacl ym 1900 ynghyd a bod yn godwr canu yn y capel. Dewiswyd ef yn ddiacon ym 1910. Dan ei arweiniad perfformiodd y côr weithiau o safon uchel yn rheolaidd. Er enghraifft, yr opera Llewelyn ein Llyw Olaf, a chantatau megis David the Shepherd Boy, Esther, Jonah, Daniel, King of Glory a Wondrous Passion. Hefyd y Messiah a Hymn of Praise ynghyd a'r anthemau Be not Afraid, Dyn a Aned o Wraig, Teyrnasoedd y Ddaear, All Men All Things, Round About the Starry Throne a Toriad Dydd ar Gymru.

Roedd Tom Davies hefyd yn ymddiddori mewn dramau a bu'n gyfrifol am gynhyrchu nifer fawr ohonynt gan gwmni drama y Tabernacl megis Y Prawf, Pwyllgor a John a Jams. Ymddeolodd o fod yn godwr canu ym 1948 a bu farw ym 1956.

Tra yn son am y canu yn y Tabernacl teilwng yw cofnodi enw Miss Blodwen Harries neu, o 1929 ymlaen, Mrs Blodwen James, Kelsey House, a roddodd flyn-yddoedd o wasanaeth fel organydd yn y capel ac fel pianydd i gynyrchiadau'r plant dan arweiniad Mr Newton Rees ac i berfformiadau'r côr dan arweiniad Mr Tom Davies.[1] Rhoddodd Mrs James y gorau i ganu'r organ yn y Tabernacl ym 1938 a bu farw ym 1973.

Yn adroddiad blynyddol 1933 yr unig organydd a enwir yw Miss Marian Evans, Kimpese ac erbyn y flwyddyn ganlynol caiff ei hadnabod fel Mrs Marian Mathias, Cil-Haul sef gwraig Mr J.H. Mathias, Bedyddiwr ac athro Hanes yn Ysgol Ramadeg Hendy-gwyn ar Daf. Enwir Mrs Mathias fel un o organyddion y Tabernacl am dros 42 o flynyddoedd hyd ei marwolaeth ym 1980. Ym 1933 Garfield Tudor oedd Arweinydd y Plant.

3.21 Yr Hanner Can Mlwyddiant

Erbyn 1923 roedd hanner can mlynedd wedi mynd heibio ers agor capel y Tabernacl. Dathlwyd yr achlysur drwy gynnal cwrdd pregethu pryd y cafwyd oedfaon nerthol a lluosog drwy'r dydd.[1]

Ym 1925 adnewyddwyd capel Soar ac fe'i ail-agorwyd ar ddydd Mercher 14 Hydref.

O 1925 i 1927 bu'r Parchg Gwilym Higgs yn gyd-Ysgrifennydd Cyffredinol Undeb yr Annibynwyr Cymraeg; swydd oedd ei ragflaenydd, y Parchg William Thomas, wedi ei llanw un mlynedd a deugain ynghynt.

3.22 Materion Ariannol

Yn adroddiad y Tabernacl am 1921 tynna Mr Higgs, ar ran swyddogion yr Eglwys, sylw'r aelodau at arwyddion o lacrwydd yn eu mysg '…tuag at ein cyfamod eglwysig' ac yn adroddiad 1923 mae'n galw am 'gysondeb' yn y '…cyfranu at achos Iesu Grist…'. Y flwyddyn honno daeth y 'casgliad misol' a £56.14.1d (£56.70) (tua £2,000 heddiw) i'r coffrau, y Sale of Work £7.14.9d (£7.74), y cwrdd blynyddol £27.4.7d (£27.23), y cwrdd diolchgarwch £13.4.0d (£13.20), Cyngerdd y Plant £24.3.9d (£24.19) ac elw y social o £10.6.9d (£10.34). Gwerthwyd gwair mynwent Soar am 15 swllt (75p) ond fe gostiodd £2 i lanhau'r gladdfa.

Derbyniwyd swm o 7/6d (37.5p) mewn 'Grant Canadian Government'. Cyfraniad oedd y grant tuag at ofal am fedd David John Davies ym mynwent Soar. Roedd David John Davies, genedigol o Lanboidy, wedi ymfudo i Ganada ddiwedd 1911 a'i fryd ar ffermio. Ond daeth y rhyfel mawr ac ymaelododd David John gyda'r Canadian Infantry Manitoba Regiment. Bu farw mewn trawiad a modur ym 1916 yn Folkestone pan oedd ei gatrawd yn paratoi i groesi i Ffrainc. Yn ôl adroddiad yn Y Darian 24 Chwefror 1916 angladd David John Davies oedd yr angladd filwrol gyntaf yn yr Hendy-gwyn. 'Daeth y corff i'r dref yn gynnar yn y bore gyda'r tren… a daeth ychydig o filwyr o Hearston, yng ngofal Sergt. J.J.Jones 3-4 Welsh, i dalu parch i'w cyfaill.' Yn y tŷ, sef Springfields cartref ei dad, gweinyddwyd gan y Parchg R.W. Phillips, Plashed (B) ac yn Soar gweddiwyd gan y Parchg Gwilym Higgs a siaradwyd ar ran catrawd yr ymadawedig gan Lance-Corp Thomas a ddywedodd fod David John Davies yn filwr da ac yn ddyn yng ngwir ystyr y gair. Blwyddyn yn ddiweddarach sefydlwyd y Commonwealth War Graves Commission a rywbryd ar ôl hynny y dodwyd y garreg wen (Portland) ar y bedd. Derbyniodd yr Eglwys y grant blynyddol o 37.5p hyd 1975 ac wedyn £1.11 hyd 1984 ac ers hynny mae'r grant yn £5 y flwyddyn a gaiff ei dalu bob tair mlynedd. Arolygydd heolydd gyda Chyngor Dosbarth Hendy-gwyn oedd y tad, Rees Davies, ac roedd ef wedi etifeddu'r swydd oddiwrth ei dad yntau, y Parchg David Davies gweinidog eglwysi'r Bedyddwyr ym Mwlchgwynt ac yn Seion, Sanclêr a fu farw ym 1878.

Diddorol sylwi bod 235 o seddi'r capel wedi eu cadw am y flwyddyn – y mwyafrif ohonynt am 1 swllt (5p) yr un a tua dwsin am 6 cheiniog (2½ p) yr un. Dyw hi ddim yn glir beth oedd y rheswm am y gwahaniaeth pris. Arferai teulu mawr gadw mwy nac un sedd – y plant yn y blaen – ac roedd yn olygfa gyffredin i weld mam yn ymestyn ymlaen ar ganol oedfa a rhoi ysgwydad i blentyn anesmwyth.[1] Ym 1923 codwyd swm o £11.14.9d (£11.74) o'r ffynhonnell hon ond daeth yr arferiad hwn o dalu am seddi i ben nes ymlaen yn y 1920au.

Roedd 390 o aelodau wedi cyfrannu cyfanswm o £220-18-5d tuag at y weinidogaeth yn 1923 a dyna yn union y swm a dalwyd fel cyflog i Mr Higgs. Mae'n debyg mai'r drefn oedd bod y gweinidog i dderbyn beth bynnag a dderbynid oddiwrth yr aelodau tuag at y weinidogaeth – hynny yw, nid oedd cyflog penodol wedi ei gytuno. Beth bynnag oedd y sefyllfa ym 1923, o 1933 ymlaen mae'n amlwg, o adroddiadau blynyddol yr eglwys, bod cyflog Mr Higgs wedi ei bennu yn

£226 y flwyddyn. Ac felly y bu am yr 16 mlynedd nesaf hyd ymddeoliad y gweinidog ym 1949 – cyfnod lle roedd gwerth arian wedi ei haneru gan chwyddiant. I leddfu ychydig ar effaith andwyol chwyddiant ar safon byw cyflwynodd yr Eglwys 'rodd' o £25 y flwyddyn i Mr Higgs o 1941 i 1949.

Yn adroddiad 1923 (yr un cyflawn cynharaf a ddaeth i'm llaw) cofnodir bod yr Eglwys wedi cyfrannu swm o £4 (tua £230 heddiw) i Ysbyty Caerfyrddin a swm o £9 (tua £460 heddiw) i Ysbyty Abertawe. Yr amser hynny – cyn sefydlu'r Gwasanaeth Iechyd Cenedlaethol a gwladoli'r ysbytai yn 1948 – dibynnai'r ysbytau ar haelioni'r cyhoedd drwy'r capeli a chymdeithasau dyngarol eraill. Cyfrannodd Eglwys y Tabernacl yn ariannol tuag at Ysbytai Caerfyrddin ac Abertawe hyd 1944 pan ychwanegwyd Ysbyty Hwlffordd at y ddwy arall. Ac felly y bu hyd 1948 pan gyfyngwyd y gefnogaeth i Ysbytai Caerfyrddin a Hwlffordd a dyna yw'r drefn hyd y dydd heddiw.

Roedd organyddion yr Eglwys yn derbyn tâl o £10 y flwyddyn hyd tua 1933; ar ôl hynny gwaith gwirfoddol oedd bod 'wrth yr organ'.

Achos arall a gafodd gefnogaeth gadarn Eglwys y Tabernacl ar hyd y blynyddoedd oedd Y Genhadaeth. Ym 1933 cyfrannwyd £23 i goffrau'r mudiad ac fe gynyddodd y swm yn raddol i £65 yn 2015.

Fel y gellid disgwyl roedd y Gymanfa Ganu, y Gymanfa Bwnc a'r Gymanfa Ddirwestol yn rhan annatod o weithgarwch yr Eglwys hyd y 1960au pan ddechreuodd y cyfeiriadau at y Gymanfa Ddirwestol yn yr Adroddiadau Blynyddol brinhau. Y Gymanfa Bwnc oedd y nesaf i ddiflannu o'r Adroddiadau a hynny yng nghanol yr 1980au.

3.23 Teithiau'r Plant

Yn ôl ysgrif Mrs Olwydd James: '…o 1930 i 1950 ni ellir meddwl am Ysgol Sul y Tabernacl heb Mr a Mrs Garfield Tudor.' O dan eu harweiniad gwelodd yr Ysgol Sul lwyddiant a esgorodd ar gyfnod llewyrchus i'r côr plant, i'r 'cwrdd pishys' y Groglith, i'r Gobeithlu ac i'r cymanfaoedd. Ac yn ychwanegol gwelwyd cystadlu brwd yn yr eisteddfodau a drefnwyd gan Chwiorydd yr Eglwys ac hefyd yn eisteddfod yr Hendy-gwyn a gynhelid ym Mharc y Dref. Cynhaliodd y côr ddigwyddiadau yn neuadd y dref megis cyngerdd y Blodyn Glas ym 1934 a'r operetta Romani ym 1936. Aeth Mr a Mrs Tudor i gryn drafferth i drefnu trip yr Ysgol Sul ar ôl cael y drafodaeth flynyddol i benderfynu lleoliad y trip – Tenby fyddai yn ddieithriad! 'Codi'n fore a mynd i'r stesion… i dderbyn tocyn tren yn rhad oddiwrth Mr Tudor; gweld trolley y rheilffordd yn cael ei gwthio yn llwythog gyda'r bwydydd o Siop Rees i'w cyfleu ar y tren i Tenby. Byddai trefniadau wedi eu gwneud i hurio festri capel lle byddai rhai o wragedd y Tabernacl yn brysur baratoi'r bwyd. Tê, bara menyn gwyn, brown a chaws i ginio. Yn y prynhawn pawb ar y traeth yn mwynhau cwmni eu gilydd. Amser tê byddai gwragedd gwahanol yn cymryd gofal a byddai teisennau ffrwyth ar gael yn ychwanegol i'r bara menyn – eto yn y festri a huriwyd am y dydd. Mynd adref ar y mail a'r dydd wedi hedfan yn llawer rhy gyflym – blwyddyn arall i ddisgwyl cyn gweld y mor eto.[1]

Oherwydd y rhyfel ni bu 'trip Ysgol Sul' o 1940 hyd 1946 ond trefnwyd 'Sports y Plant' i'w diddanu dros y blynyddoedd hynny. Ers diwedd y 1940au mae gwibdaith yr Ysgol Sul wedi ei hail-sefydlu yn achlysur blynyddol o bwys i blant y Tabernacl.

Ar un adeg mwynhaodd plant y Tabernacl daith flynyddol arbennig iawn diolch i garedigrwydd aelod o'r eglwys sef Mr John Griffiths, Llwyndewi. Yn y 1920au y dechreuodd Mr Griffiths, ar ddiwrnod braf o haf, gasglu'r plant a hefyd llwyth o fwyd o siopau'r Hendy-gwyn a'u cludo mewn gambo i fwynhau picnic ar fancyn ar fferm Llwyndewi sy'n edrych lawr ar Pontyfenni. Stên laeth fawr ddefnyddid i gario dwr i'r safle a thasg y bechgyn oedd casglu brigau a chynnu tân er mwyn berwi'r tegell, tra roedd y merched yn torri bara menyn a gosod y bwydydd allan. Byddai croeso i'r plant ddod a'u ffrindiau i'r wledd. Rhanu melysion cyn gadael yn y gambo am yr Hendy-gwyn, a'r cyfan ar draul o boced haelionus Mr John Griffiths. Bu farw Mr Griffiths, Llwyndewi yn 1945.[1]

Gambo hefyd, yn ôl Mr Gerwyn Williams, a ddefnyddiodd Mr Jonah Davies, Clydebanc i gario plant yr Eglwys y chwe milltir i Amroth i fwynhau prynhawn ar lan y mor yn y 1930au.

Yn y flwyddyn 1934 collodd y Tabernacl ddeg o'i haelodau drwy farwolaeth ac ymysg y rhain yr oedd D.T. Evans, B.Sc. ysgrifennydd ariannol yr Eglwys a Sheila Higgs, merch bymtheg oed Mr a Mrs Higgs. Yn ei anerchiad yn rhifyn 1934 o adroddiad yr Eglwys dywed Mr Higgs y medrai ef a'i deulu gydymdeimlo '…yn fwy real nag erioed gyda'r neb a wybu beth oedd rhwygo llinynnau eu serch dyfnaf, canys ni phrofasom ein hunain fyth dristwch cyn ddyfned ag a ddaeth i'n rhan eleni.'

3.24 Adnewyddu Tabernacl (1934)

Bron i chwarter canrif ers adnewyddiad 1910 aeth yr Eglwys ati ym 1934 i adnewyddu'r capel unwaith eto. Cafwyd adroddiad cynhwysfawr am y gwaith yn *Y Tyst* (7 Mawrth 1935): 'Llonnai calon pawb o'r Eglwys pan drowyd yn ôl [wedi bod yn Soar am tua wyth mis] i'r Tabernacl unwaith eto i addoli ar yr hen aelwyd gysegredig a chysurus. Ymddiriedwyd y gwaith i Mr Dan Phillips, Clynderwen.

Golygid... rhoddi amryw ffenestri newydd, goleuo a thrydan, gosod "electric blower" i'r organ, ychwanegu trefniant cynhesu, paentio ac addurno'r cwbl o'r adeiladau, gosod llawr blocs i'r mynedfa. Y gost... yn ymyl mil o bunnau.

Nos Sul cyn yr agor, cyflwynodd y gweinidog a'i briod rodd i'r Eglwys o fwrdd Cymundeb a dwy gadair gyda phlat pres ar ochr y bwrdd ac arno y geiriau "Er côf am Sheila 1919–1934".'[1]

'Ymddengys bron yn gapel newydd' oedd haeriad Y Parchg Gwilym Higgs yn adroddiad yr Eglwys am 1934 cyn cyfeirio at y dasg o'u blaen fel aelodau o dalu am yr holl waith: 'Wedi cael cymaint hwyl at y gwaith credwn y cawn cymaint hwyl eto wrth dalu amdano... Disgwyliwn offrwm teilwng ddydd yr ail agor, Chwefror 27. Cawn gyfrif llwyr yn yr adroddiad nesaf a chyfraniad pob un wrth ei enw'. Gorffenna Mr Higgs ei adroddiad drwy ddiolch am arwyddion gobeithiol o ddeffroad ysbrydol, o leiaf, mor bell ag yr oedd y cwrdd gweddi yn y cwestiwn.

Yn ei lythyr yn adroddiad 1936 awgryma y Parchg Gwilym Higgs mai fel blwyddyn y tri teyrn y byddai'r flwyddyn yn cael ei chofio. Hyn oherwydd i dri brenin eistedd ar orsedd Lloegr yn ystod y flwyddyn. Ond os mai blwyddyn y tri teyrn oedd hi yn Lloegr, blwyddyn y pedair organyddes oedd hi yn y Tabernacl sef, Mrs Tudor, Aeron; Mrs Thomas, Arfryn; Miss Walters, Gwyndaf a Mrs James. Kelsey House. Cyfeiriwyd eisoes at wasanaeth ymroddedig Mrs Blodwen James (Miss Blodwen Harries cyn hynny) fel organyddes ac mae'n briodol nodi fan hyn bod Mrs Tudor wedi gwasanaethu fel organyddes am 21 mlynedd hyd 1959 a Mrs Thomas am 15 mlynedd hyd 1953.

3.25 Ffurfio Cymdeithas y Chwiorydd

Digwyddiad pwysig ym 1936 oedd ffurfio Cymdeithas y Chwiorydd ac yn ôl y gweinidog '...dechreuodd yn rhagorol.... Caffed gefnogaeth y chwiorydd oll '. Gwnaeth y gymdeithas gyfraniad ariannol sylweddol i Drysorfa Adeiladu y capel. Ym 1937 cyfranodd y gymdeithas swm o £19/19/11 (£19.97) i'r Drysorfa. Erbyn 1938 cododd cyfraniad y chwiorydd i £29/19/11 (£30) – tua £2,000 heddiw – allan o 'elw eu llafur' o £31/12/9 (£31.64). Yn ôl yr adroddiadau blynyddol, dau gyfraniad arall a wnaed gan Gymdeithas y Chwiorydd i'r Drysorfa Adeiladu, sef £4/11/9 (£4.59) ym 1943 a £10/10/9 (£10.54) ym 1944 ac ni fu rhagor o son am y Gymdeithas hon hyd ei hatgyfodi ddechrau'r 1950au.

Yn naturiol roedd rheolwyr y Drysorfa Adeiladu yn chwilio am arian o bob ffynhonnell bosib ac fe wnaethant fwrw'r jackpot ym 1944 drwy iddynt dderbyn swm o £123/5/0 (£123.25) – tua £5,200 heddiw – o gronfa 'Reconstruction Blitzed Churches'.

3.26 Y Ffordd o Fyw yn Newid

Ym 1937 roedd y Parchg Gwilym Higgs yn dathlu 30 mlynedd yn weinidog ar Eglwys y Tabernacl. Ond teimladau cymysg a wyntyllir ganddo yn adroddiad y flwyddyn honno wrth iddo ddisgrifio'r newidiadau economaidd a chymdeithasol dros y 30 mlynedd a'u heffaith ar y ffordd o fyw. Mae'n werth ei ddyfynnu: 'Er i'n rhif leihau ychydig yn ystod y cyfnod hwn [aelodaeth 1907 yn rhywfaint dros 400; aelodaeth 1937 yn 389] eto daliwn y maes yn galonnog. Aeth dwylo'r ffermydd yn brinnach (er i'r lorries luosogi) pan ymglymodd pob fferm ymron wrth fasnach laeth yn unig; a pherthyn i'r oes o'r blaen erbyn hyn oedd yr arfer o neillduo seddau capel i weision a morynion ffermydd; oblegid y lle y ceid gynt chwech a mwy ynddo nid oes ysywaeth heddiw namyn un neu ddau. Diflannodd y tir coch o dan gwndwn glas, a throdd tonnau melynwawr y caeau ŷd yn lawnt dirion o dan garnau y gwartheg blithog. [Cafodd ffermio llaeth hwb yn 1933 pan sefydlwyd Bwrdd Marchnata Llaeth i greu marchnad sicr a phrisiau weddol sefydlog.] Mae glas ar dir yn burion, am wn i, ond gresyn i las y tir ddod i lwybr yr allor hefyd gan anfynyched traed tramwywyr ar hyd iddo – ond diolch fe adawyd i ni y gweddill ffyddlon....'

Mae awgrym gref yn ei lythyr bod y lleihad yng nghynulleidfa'r Tabernacl ar raddfa oedd yn sylweddol fwy na'r lleihad yn aelodaeth yr Eglwys.

Nodir yn adroddiad 1937 bod yr Eglwys wedi colli deg aelod drwy farwolaeth gan gynnwys y meddyg y Doctor W.D. Owen, Dolycwrt ac yntau ddim ond yn 48 mlwydd oed.

Fel ei ragflaenydd, William Thomas, roedd yr efengyl gymdeithasol 'car dy gymydog' yn hanfodol bwysig i Gwilym Higgs ac roedd ei lythyron yn adroddiadau blynyddol yr Eglwys yn cyfeirio yn aml at broblemau'r byd. Yn adroddiad 1938 nododd un fendith leol sef bod diweithdra yn gymharol isel yn ardal Hendy-gwyn. Hefyd cydnabyddodd Mr Higgs ymdrechion pwyllgor Soar yn cymhennu'r adeilad: 'Gwnaethpwyd yno lawer o waith cwbl ddi-dâl.... Iddynt hwy ac i gyfranwyr ewyllysgar yr ydym yn ddyledus fod gennym beth arian gweddill i barhau i harddu erw Duw y sydd mor ddwfn yn ein serch.'

Ym 1938, blwyddyn a adwaenid yn rhyngwladol fel 'blwyddyn yr argyfwng' tynnodd Mr Higgs sylw at weithredoedd treisgar arweinydd yr Almaen, Adolff Hitler, a oedd wedi defnyddio'i fyddin i feddiannu Awstria ym mis Mawrth. Erbyn mis Mai roedd yn edrych yn debyg bod Hitler am fynd gam ymhellach drwy ychwanegu rhan o Czechoslovakia, sef y Sudetenland, i'w berchnogaeth. Rhybuddiwyd Hitler gan arweinyddion Ffrainc a Phrydain y byddent yn barod i fynd i ryfel i amddiffyn Czechoslovakia a bu hyn yn ddigon i osgoi rhyfel – dros dro.

3.27 Rhyfel Arall

Yn ei anerchiad yn adroddiad 1939 cyfeiria'r gweinidog at fis Medi fel y mis y torrodd y rhyfel allan ac yn sgil hynny roedd llawer o fechgyn ifanc wedi ymuno a'r rhengoedd. Yn yr un flwyddyn etholwyd deg diacon newydd gan yr Eglwys.

Ni chafwyd anerchiad gan y gweinidog yn adroddiadau 1940 hyd 1943. Nodyn diddorol yn adroddiad 1940–41 yw enwau Tanwyr y Tanau sef: Mri. Tom Richards, Hazeldene; Philip Phillips, Tegfanteg; W. Evans, Delfryn a G. Tudor, St John Street.

3.28 Canmlwyddiant Agor Soar (1942)

Ym mis Mai 1942 dathlwyd canmlwyddiant agor capel Soar trwy gynnal cyfarfodydd yn Soar ar ddydd Mercher ac yn y Tabernacl ar nos Iau. Cyflwynwyd hanes ffurfio'r Eglwys gan y Parchg Gwilym Higgs a chymerwyd rhannau arweiniol gan weinidogion yr ardal. Yn ogystal siaradwyd gan Mr David Nicholas ar ran y Tabernacl ac fe gyflwynodd un o fechgyn Soar, Mr J.M. Williams y Barri, benillion a oedd wedi eu cyfansoddi yn arbennig ar gyfer y dathliad:

Deml sanctaidd annwyl fuost
Gan y saint y dyddiau fu,
O'r hen fwthyn llwyd a'r tyddyn
Rhedai'r llwybrau atat ti;
Yma offrymwyd taer weddiau
Aeth yn syth i'w wyddfod Ef.
Yma 'roedd y gwlith yn disgyn,
Dyma iddynt Borth y Nef.

Canrif gyfan ehedodd heibio
Er pan glywyd gynta erioed
Swn y mawl, y gân a'r diolch,
Am yr Aberth gynt a roed;
Nid oes 'run o'r cwmni'n aros
Yma heddiw ar dir y byw,
Mae eu henwau ar y meini
A'u heneidiau gyda Duw.

Wele ninnau rhwng dy furiau
Plant y plant yn dod ynghyd,

73

I'r hen fangre gysygredig
Yr anwylaf yn y byd;
Yma gynt dysgasom ddarllen
Gair ein Duw yn iaith ein mam.
Yma clywsom gynta'r stori
Am y baban bach dinam.

Diolch Arglwydd am dy Eglwys
Bydd o'i chylch yn fur o dan.
Ac wrth ddechrau canrif newydd
Rho'n ei chalon newydd gân;
Diolch it' am weision ffyddlon
A'i bugeiliodd ar y daith,
Cynnal eto freichiau'r proffwyd,
Boed Dy fendith ar ei waith.[1]

3.29 Y Lamp yn Llosgi'n Isel

Yn ei anerchiad byr ym 1944 – ei un cyntaf ers 1939 – gofidia Mr Higgs fod '…y lamp yn llosgi mor isel ym mywyd ysbrydol yr Eglwysi.' Ar yr un pryd addawodd bod yr eglwys '…galon wrth galon gyda theuluoedd pryderus yn ein plith, ac wylwn gyda'r rhai sydd yn wylo.' Ymbilia am weld '…heddwch buan i'r byd…'

Mae'n amlwg o adroddiad 1944 bod yr Ysgol Sul wedi cynnal 'Sports y Plant' y flwyddyn honno gyda gwariant o 7/1d (35p) – ar wobrau mae'n debyg. Yr oedd 'Tê Sports y Plant' wedi derbyn 5/9d (29p) i helpu'r achos. Gwnaeth eisteddfod mis Mawrth 1944 yn y Tabernacl elw o £25/2/6 (£25.13).

'Drych i haelioni'r eglwys – a diffyg hynny hefyd' oedd disgrifiad Mr Higgs o adroddiad blynyddol 1945. Roedd diwedd y rhyfel wedi ei nodi gan ddiwrnodau V.E. (Victory in Europ) a V.J. (Victory over Japan) a sail trefniant y Cenhedloedd Unedig wedi ei sefydlu yn San Francisco ar 24 Hydref 1945. Ond nid anghofiwyd am y 'creithiau dwfn' a adawyd ar rai teuluoedd gan y rhyfel ac '…yn enw'r eglwys dymunwn gyflwyno'n cydymdeimlad dwysaf a theuluoedd Mrs Evans, Emporium ar ôl Emrys; Mrs Davies, Park Street ar ôl Gwynmor; Mr a Mrs Thomas, Velfrey Road ar ôl David a Mr a Mrs Davies, Velfrey Road ar ôl Dalis.'[1] Colled arall i'r Eglwys oedd marwolaeth Mr William John, Glyntaf a oedd wedi gwasanaethu fel trysorydd y Tabernacl am 20 mlynedd.

Ar nodyn gobeithiol adroddwyd hefyd am Gymanfa Ganu 'a thro newydd iddi' gan fod 'holl Eglwysi'r pentref yn y Côr. Ai am dro y daeth, ai am aros cawn weled. Bu'r arbrawf yn ddiddorol ac yn brofiad hapus.'

3.30 Dathlu'r Deugain a Cau Ysgol Sul Soar

Yn adroddiad 1946 wrth edrych ymlaen i gwrdd dathlu ei ddeugain mlynedd yn y weinidogaeth cyfeiriodd Mr Higgs at y newid mawr oedd wedi cymeryd lle dros y degawdau. 'Newidiodd ein ffordd o feddwl ac o fyw. Oes y peiriant yw, ac aethom i raddau, yn ebyrth iddo, ac oni chawn y feistrolaeth arno, ef a'n dinystria ni ymhob peth artistig ac ysbrydol.' Gresynai fod cynifer yn colli'r cwrdd: 'Paham y cyfyngir ar gynifer ohonom Sul, gŵyl a gwaith, i'r goruchwylion beunyddiol yn unig a'r overtime bondigrybwyll yn gwneuthur dyn yn ddim ond peiriant i neud arian?'

Yn y flwyddyn hon, 1946, y daeth yr arfer o gynnal Ysgol Sul yn Soar i ben. Lleihad yn y ffyddloniaid oedd y rheswm ac o hynny ymlaen dim ond gwasanaethau angladdol a chwrdd bore Sul-y-blodau a gynhelid yno. Siom i'r gweinidog oedd gweld diwedd yr Ysgol Sul yn Soar ac yn ei anerchiad yn adroddiad 1946 galwodd sylw yr aelodau at bwysigrwydd yr Ysgol Sul: 'Coleg da yw'r Ysgol Sul' oedd ei ddyfarniad terfynnol.

Dengys cyfrifion y Tabernacl am 1946 bod yr eisteddfod yn mynd o nerth i nerth ac wedi gwneud elw o £40/3/0 (£40.15) (tua £1,500 heddiw) ac i'r Blackout gael ei werthu am £7/16/6 (£7.83) (tua £320 heddiw). Y flwyddyn ganlynol gwariodd pwyllgor yr eisteddfod £89/5/0 ar biano newydd.

Roedd Mr Higgs yn fodlon iawn ar y ffordd y dathlwyd ei ddeugain mlynedd yn y weinidogaeth yn y Tabernacl ac ym Methel, Llanddewi. Yn ei anerchiad yn adroddiad 1947 ysgrifennodd:

'Cawsom gyrddau pregethu a gofir yn hir, a Dr Elfed Lewis a Dr Tegfan Davies dan arddeliad amlwg, yr Arglwydd yn bendithio a'r torfeydd wrth eu bodd – cymanfa ydoedd. Nid llai hwylus a llawen y cwrdd tystebu yn y Tabernacl ac ym Methel. ...unwaith eto, ffrindiau hoff, diolch yn fawr.'

3.31 Paham Ddim Mynd i'r Cwrdd? Ymddeol

Adroddiad 1948 oedd yr un olaf i'r Parchg Gwilym Higgs gyflwyno, gan iddo ymddeol ddechrau'r flwyddyn 1949. Roedd aelodaeth y Tabernacl wedi bod yn gyson tua 400 o ddechrau'r ganrif hyd ddiwedd y 1930au ac er bod lleihad o tua 12% yn yr aelodaeth wedi digwydd dros ddegawd y 1940au mae'n edrych yn debyg o'r hyn ddywed Mr Higgs yn adroddiad 1948 ac yn adroddiadau eraill y 1940au bod presenoldeb ar y Sul ac yng nghyfarfodydd eraill yr Eglwys wedi dangos mwy fyth o leihad.

'...ond daeth y trai ysbrydol cyffredinol i'n traethau ninnau i fesur [i raddau], newidiodd arferion ein pobl ar y fferm ac yn y cartrefi, yn enwedig ar y Sabboth.

Eto, mwyn yw cofio os nad yw'r cynulliadau cyson mor lluosog, y deil rhuddin cadarn, ffyddlon i'r achos ac i'r cyfarfodydd…'.

Mae'n werth cofio y cynhelid nifer helaeth o gyfarfodydd yn y capel drwy'r wythnos. Y drefn ers 1933 oedd:

Sul	10.00	Pregeth
Sul	2.00	Ysgol Sul
Sul	6.00	Pregeth
Llun	6.00	Cwrdd y Plant
Llun	7.15	Cwrdd Gweddi
Llun cyntaf y mis		Cwrdd Cenhadol
Llun cyn cymundeb		Cwrdd Paratoad
Mercher	6.00	Gobeithlu

Roedd Mrs Higgs yn enedigol o'r Hendy-gwyn ac wedi ei chodi lan yn y Tabernacl. Ar ôl priodi cyfrannodd yn helaeth gyda'r plant a'r ieuenctid yn enwedig yn yr Ysgol Sul lle roedd hi a gofal dosbarth. Dyna'r cefndir i sylw Mr Higgs: '…hoffai fy mhriod a minnau nodi mor annwyl ac mor ufudd y bu y plant ac mor llawen y buom yn eu plith o flwyddyn i flwyddyn.' Diwedda ei lith drwy annog yr Eglwys i alw gweinidog arall '…gorau i gyd po gyntaf; carwn y fraint o'i groesawu i'r cylch a fu i mi yn hyfrydwch fy oes…'.

Mewn ffordd roedd cyfnod newydd wedi dechrau ym 1948 gydag ymddeoliad Mr Tom Davies fel arweinydd y gân ar ôl dros hanner canrif o wasanaeth. Cymerwyd ei le gan Mr D.L. Stephens a oedd yn adnabyddus yn y byd cerddorol. Disgrifiwyd Mr Stephens fel cerddor talentog dros ben gyda llais 'tair octave' ond a oedd yn meddu ar un arferiad anffodus o ddynwared y sopranos mewn ffalseto os nad oedd yn blês ar eu perfformiad (gwybodaeth gan Ms Ann Francis).

Y pregethwr yng nghyrddau mawr y Tabernacl ar 28 Awst 1949 oedd y Parchg William Evans, Penybont-ar-Ogwr, genedigol o Gwmbach, Llanwinio a oedd yn adnabyddus fel Wil Ifan y bardd a'r llenor ac Archdderwydd Cymru o 1947 i 1950. Roedd Wil Ifan yn blentyn ifanc yn Ietygarn, Blaenwaun yn 1888 pan werthwyd peth o eiddo ei dad i glirio dyled hwnnw oedd yn deillio o'i wrthwynebiad i dalu treth y degwm. Fel y croniclwyd yng nghynt, prif arweinydd rhyfel y degwm yn y parthau hyn oedd y Parchg William Thomas, gweinodog Tabernacl.

Swyddogion yr Eglwys gyflwynodd anerchiad ar gyfer adroddiad 1949 ac roeddent yn ddiolchgar am gymynrodd o gan punt a adawyd i Soar a'r Tabernacl gan un o'r chwiorydd mwyaf selog dros yr achos, y diweddar Miss Annie Reynolds, Norh Road.

Bythynnod tô gwellt.
Dechrau'r ugeinfed ganrif roedd dau fwthyn tô gwellt ochr arall yr heol o gapel y Tabernacl ac yn un ohonynt roedd gwraig a adnabyddwyd fel Nani Dower yn byw. Pob prynhawn Sul gosodai Nani badell bridd yn llawn o ddŵr ynghyd â chwpan enamel tu fewn i ddrws ei bwthyn fel y gallai plant y Tabernacl dorri eu syched.

Y Parchg Gwilym Higgs, B.A.

Mrs Sarah Lewis, 7 Spring Gardens. Gweddw 61 mlwydd oed ym 1911, yn enedigol
o blwyf Eglwys Fair a Churrig. Gwyddai ei Beibl o glawr i glawr a hi fyddai yn gwiro
adnodau i Morris, gwneuthurwr cerrig beddau, cyn i hwnnw dorri'r geiriau ar y cerrig.

Mr Evan Owen (1856-1938), 6 Market Street. Diacon (1910-1938) a chyhoeddwr yn y Tabernacl. Arferai orffen y cyhoeddiadau drwy ddatgan yn uchel ac yn eglur 'CASGLIAD NAWR'. Postmon wrth ei waith, dilynodd ei fab Arthur ef yn y swydd. Bu Arthur yn y Rhyfel Mawr ac ef oedd un o'r ychydig filwyr a achubwyd pan suddwyd y llong Lusitania oedd yn eu cludo i faes y gad. Ym marn Evan byddai ei fab wedi boddi 'onibai iddo ddysgu nofio ym mhwll Alltybailey….'

Mr Arthur Owen (Alfie) tua 1912 mewn cab yn disgwyl par priod i ddod allan o'u gwasanaeth priodasol yn y Tabernacl. Yn ystod y rhyfel achubwyd Alfie o'r mor pan suddwyd y llong Lusitania gan yr Almaenwyr. Goroesodd Alfie y rhyfel fel milwr yn y dwyrain-canol ond tua 1930 cafodd ei ladd wrth ei waith fel postmon yn yr Hendy-gwyn pan lithrodd ar ei feic yn erbyn post telegraff.

Diaconiaid tua 1910.
Yn sefyll o'r chwith: David Thomas (Joiner); John Owen, Pantyderi; T. Llewellyn, Penrhiwgoch; D. Davies,
Spring Gardens; D. Evans, Bristol House; T. Morgan, Y Felin; Evan Owen, Market Street; Tom Davies.
Yn eistedd o'r chwith: Isaac Newton Rees; E. Thomas, Tower House; Y Parchg Gwilym Higgs, B.A.;
William Scourfield, Amgoed; P.N. Owen, Medical Hall.

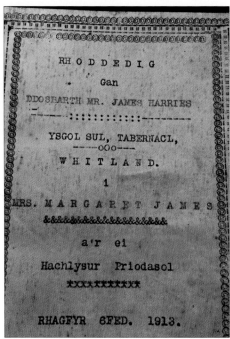

Beibl a gyflwynwyd i Margaret James ar achlysur
ei phriodas a Mansel James ym 1913.

Plant Ysgol Sul y Tabernacl.
Ar y chwith Y Parchg Gwilym Higgs, yn y canol Mr Isaac Newton Rees, ar y dde Miss Blodwen Harries.

Trip Ysgol Sul y Tabernacl yng Ngorsaf Saundersfoot.

Y Parchg Gwilym Higgs B.A. Adeg y Rhyfel Mawr
yng ngwisg swyddogol y Y.M.C.A.

Y Cwmni Drama: perfformiwyd Y Prawf.
Rhes ôl o'r chwith: Joseph Berry, Mortimer Phillips, Elsie Davies, David Rogers, Pheobe James,
Arthur Williams, Alwyn Walters, Annie May Lewis, Benji Evans.
Rhes flaen o'r chwith: Tom Davies, Ciss.Lewis, Johny Lewis, Sarah Thomas, David Wheeler, William Thomas.

Angladd Isaac Newton Rees ym 1924. Hanner yr orymdaith. Roedd Isaac Newton Rees yn boblogaidd iawn yn yr Hendy-gwyn. Ar ôl iddo briodi Miss Lizzie Thomas o Dreforis yn Abertawe ym 1900 daeth y par priod yn y tren i Sancler ac yna mewn cerbyd a cheffylau i'r Hendy-gwyn. Y gobaith oedd y byddai'r drefn hon o deithio yn osgoi croeso ymfflamychol ar orsaf Hendy-gwyn. Ond ofer y gobeithio! Tua milltir o'r dref daethant ar draws tyrfa fawr yn barod i'w croesawi adref! Tynwyd y ceffylau o'r cerbyd a chymerodd dynion at y gwaith tynnu yng nghanol bonllefau a goleuni 'torches'. Roedd tai y dref wedi eu goleuo yn brydferth iawn. Daeth yr orymdaith i ben ger yr Emporium lle diolchwyd i'r dorf am eu croeso gan Caleb Rees – brawd y priodfab. 'Hyderwn y bydd y wraig ieuanc yn hapus iawn yn ei chartref newydd' oedd dymuniad y gohebydd W.S. yn ei adroddiad yn *Y Tyst*, 21 Tachwedd 1900.

Ar fanc Llwyndewi tua 1927.
Y ddwy res ôl: Dilys Phillips, Hubert John, Leslie Powell, Jack Williams, Gwyn Evans, Daff Evans, Gwyn Thomas, Simon Howells, Dennis Higgs, Will Evans, Gwynmor Davies, -------?, Cuthbert Reeves, Bronwen Phillips, Myrddin Davies, Clodwyn Jenkins.
Ail res: Vivian Griffiths, Denzil Bowen, Sylvan Higgs, Dalis Davies, Hugh Nicholas, D.J. Ward, Vernon Evans, Nesta Griffiths.
Rhes flaen: Roy Thomas, Godfrey Bowen, Hugh Lewis, Barrie Thomas, Rowland Lewis, Ifor Griffiths, Dennis Bowen, Lloyd Phillips.
Yn y cefn: Mr Johnie Griffiths.

Y Parchg Gwilym Higgs, Sylvan, Sheila, Dennis, Mrs Alice Mary Higgs.

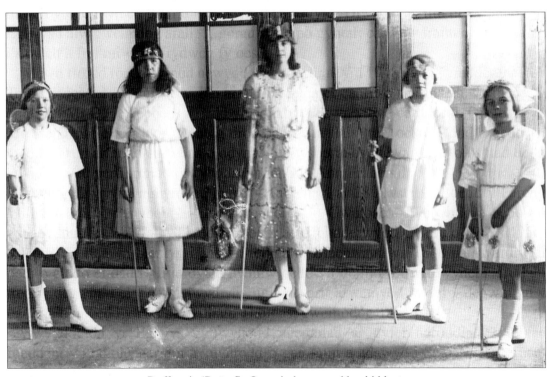

Perfformio 'Butterfly Queen', drama gerddorol i blant.
O'r chwith: Bronwen Evans, Henglos; Fay John, Glyntaf; Lucy Walters, Gwyndaf; Irene Thomas,
Radnor House; Marion Thomas, St Mary Street.

Ar fanc Llwyndewi tua 1935.
Yn eistedd: Jackie Thomas, John Dunford, Douglas John, Donald Richards, Uri John, Ken Bennettt,
Terence Morgans, Vivian Evans, Clifford Davies, Desmond Hopkins.
Yn sefyll: Donald Bowen, David Evans, Raymond Bowen, Rowland Phillips.

Ar fanc Llwyndewi tua 1935.
Evelyn Lewis, Iris Berry, Berta Jenkins. Ochr draw: Olwydd Lewis, Ardidfyl Evans.

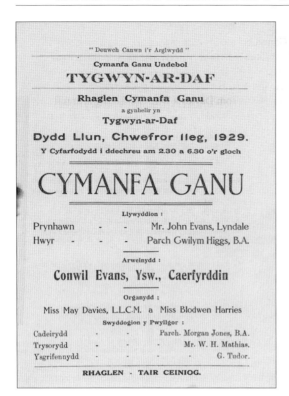

Mr William John, Glyntaf – Trysorydd Tabernacl
am 20 mlynedd (1925-1945) gyda'r Parchg a Mrs
Gwilym Higgs.

Côr Meibion Hendy-gwyn.
Arweinydd, D.L. Stephens; Cyfeilydd, Mrs Mabel Stephens; Unawdydd, Mrs Mary Davies.

Mrs Mary Davies (1910-1974). Yn enedigol o ardal Glanyfferi roedd Mary wedi profi llwyddiant mewn eisteddfodau ers yn blentyn. Ar farwolaeth ei mam daeth i fyw i'r Hendy-gwyn at ei brawd, Mr Howell Davies, Y.H. Bu'n unawdydd gyda chorau dan arweiniad Tom Davies a D.L. Stephens gan ennill clod mawr. Priododd a Mr Bob Davies, gyrrwr tren a bu rhaid symud i fyw i Gaerloyw cyn dychwelid i'r Hendy-gwyn ac ail-ymuno â'r corau fel unawdydd.

Mr a Mrs Garfield Tudor.
Dros y cyfnod 1930–1950 ni ellir meddwl am Ysgol Sul y Tabernacl heb Mr a Mrs Garfield Tudor. Cadw siop 'Stationer and Tobacconist' oedd eu gwaith. Ar ôl ymddeol ym 1960 fe wnaethant symud i Gaerfyrddin.

~ 4 ~

CYFNOD Y PARCH JOHN HUW FRANCIS B.A.
(1950-1979)

4.01 Galw Heddychwr

Aeth Eglwys y Tabernacl ati ar unwaith i alw gweinidog a chyn pen dim yr oedd y Parchg John Huw Francis, B.A. gweinidog Hebron a Nebo, Efailwen ers 1934 wedi derbyn yr alwad. Fe'i sefydlwyd i weinidogaethu yn y Tabernacl a Bethel, Llanddewi ar 10 a 11 Hydref, 1950. Genedigol o Benclawdd ac yn fab i lowr goleuedig graddiodd Huw Francis yng Ngholeg y Brifysgol, Abertawe ac fel ei ddau ragflaenydd bu yntau yn astudio yn Athrofa Aberhonddu. Ym 1941 priododd gyda Elsie M Davies a ganwyd merch, Ann, iddynt a gafodd ei derbyn yn aelod yn y Tabernacl ym 1964.

Ceir cip-olwg ar gymeriad Mr Francis yn y llyfr 'Trem ar Draws Hanes Nebo, Efailwen' gan y Parchg Hywel T Jones, (1990). Disgrifir Huw Francis fel 'cymeriad bywiog a oedd yn effro i newidiadau cymdeithasol y dydd....' Am ei gyfnod yn Hebron a Nebo hawlir bod y ddwy Eglwys wedi '[cael] yr arweinydd iawn i'w llywio drwy flynyddoedd y dirwasgiad economaidd a chyfnod tywyll argyfyngus yr ail ryfel byd....' Ac yn ddadlennol haerir ymhellach: '[Roedd] ei heddychiaeth yn iach.' Megis cadarnhad i hyn apeliodd Huw Francis, yn adroddiad Nebo am 1938, ar i'r bobl wneud eu gorau dros achos heddwch. Yn ôl Hywel T Jones bu safiad heddychol Huw Francis yn ddigon o ddylanwad ar arweinyddion Nebo iddynt ganiatau iddo ddefnyddio'r festri bob nos Wener 'i gynnal cyfarfodydd i gynorthwyo ac ymgynnal gwrthwynebwyr cydwybodol y fro. Yr oedd pobl y cylch hwn [ardal Efailwen], fel rhannau eraill o Gymru, yn medru bod yn gâs at y C.Os [Conscientious Objectors].' Ac yn wyneb hyn 'Cofiwn yn werthfawrogol am... safiad dewr a grasol [Huw Francis].'

Felly gellir hawlio bod Eglwys y Tabernacl wedi llwyddo i ddenu olynydd teilwng i William Thomas a Gwilym Higgs gan fod y dystiolaeth uchod yn dangos bod Huw Francis fel ei ddau ragflaenydd yn rhoi lle blaenllaw i weithredu yr efengyl gymdeithasol 'car dy gymydog' ac yn barod i sefyll yn gyhoeddus dros gyfiawnder yn y byd hwn.

Yn adroddiad 1951 – blwyddyn lawn gyntaf y Parchg Huw Francis yn y Tabernacl – estyn y gweinidog groeso i'r wyth diacon newydd a etholwyd i wasanaethu'r Eglwys ac mae'n datgan ei lawenydd am ymateb y gynulleidfa i'w bregethu ar y Sul. Roedd hefyd wedi ei blesio'n fawr gan berfformiad aelodau'r Ysgol Sul yn y Gymanfa Bwnc. Ond ar yr un pryd apeliodd am fwy o deyrngarwch i'r Cwrdd Gweddi ar nos Lun ac roedd am weld treblu'r nifer oedd yn mynychu'r Ysgol brynhawn Sul.

Yn yr un adroddiad dengys cyfrif Cronfa'r Adeiladu bod y gyngerdd a gyflwynwyd gan y 'Lyrian Singers' wedi cynyddu'r coffrau o £91/5/8 (£91.28) (tua £2,500 heddiw).

Ers y flwyddyn cynt, 1950, roedd y bobl ifanc wedi dechrau cwrdd ar nos Wener am 7.30; cwrdd oedd yn ychwanegu at y cyrddau eraill a gynhelid yn ystod yr wythnos waith sef; Cwrdd Plant, Cwrdd Gweddi, Cwrdd Cenhadol (misol) a'r Cwrdd Paratoad (misol). Ychwanegwyd cyfarfod wythnosol arall pan sefydlwyd Cymdeithas y Chwiorydd yn 1952. Yn ôl yr adroddiadau blynyddol, dyna fu trefn y cyfarfodydd hyd 1976 pan nodwyd yn adroddiad y flwyddyn honno mai dim ond un cyfarfod yn unig a gynhelid yn yr wythnos waith a hwnnw oedd cyfarfod bob pythefnos Cymdeithas y Chwiorydd.

4.02 Plant Amddifad

Yn ystod y flwyddyn 1952 profodd aelodau'r Tabernacl a thrigolion yr ardal yn gyffredinol ddigwyddiad trychinebus i deulu oedd yn aelodau yn y Tabernacl ers 1936. Roedd Victor ac Alice Bowen a'u tri o blant, ac roedd y tri o dan 10 mlwydd oed, yn byw yn St Mary Street, Hendy-gwyn. Roedd Mrs Bowen yn wraig grefyddol ac yn ffyddlon i wasanaethau'r Tabernacl ac yn arbennig felly i'r cwrdd gweddi. Nid oedd iechyd Mrs Bowen yn rhy dda ond serch hynny sioc oedd ei marwolaeth ym mis Mehefin 1952. Yn ei gwasanaeth angladdol yng ngofal ei gweinidog y Parchg Huw Francis cyfeiriodd y Parchg Joseff James, Llandysilio at ei thalent yn canu'r organ yng nghapel Pisgah ym mlynyddoedd ei hieuenctid. Ei chyd-addolwyr yn y cwrdd gweddi sef, Mri J Rees, J Davies, B Henton, S Griffiths, G Tudor a G Evans oedd yr archgludwyr yn Soar.

Chwe wythnos yn ddiweddarach cafodd y plant ergyd greulon arall pan bu farw eu tad, Victor Bowen, gan eu gadael felly yn amddifad. Daeth perthnasau'r teulu i'r adwy gan sicrhau mai yn eu cartrefi hwy y byddai'r plant yn cael eu codi lan. Ac felly y bu.

Yn ôl yr adroddiadau blynyddol roedd yr Eglwys wedi bod heb drysorydd ers marw Mr William John ym 1945. Efallai bod yr Ysgrifennydd Ariannol, Mr Tom Rees, yn gwneud y gwaith. Beth bynnag am hynny, etholwyd Mr R.E. Thomas, Pengawse yn drysorydd ym 1952 a Mr G Evans, Talbot House a Mr B Henton,

Pleasant View yn gyd-ysgrifenyddion ariannol. Cymerodd Mr W Jenkins, Post Office y swydd o ysgrifennydd ar ymddeoliad Mr M Jones, Derlwyn. Ymddiswyddodd Mr Jenkins ymhen blwyddyn a chymerwyd ei le fel ysgrifennydd yr Eglwys gan y trysorydd Mr R.E. Thomas, Pengawse ac apwyntiwyd Mr S.B. Griffiths, Woodland Stores yn drysorydd yn ei le.

Yn ôl yr Adroddiadau Blynyddol dyma'r flwyddyn, 1952, y dechreuodd yr Eglwys gyfrannu tuag at Gartrefi Dr Barnardo ac mae'r gefnogaeth yn para hyd heddiw.

Ar y Sul olaf o Orffennaf 1952 darlledwyd gwasanaeth boreuol o gapel y Tabernacl o dan ofal y Parchg J. Huw Francis gyda Mr D.L. Stephens yn codi'r canu a Mrs Annie Thomas wrth yr organ.

Ymddangosodd cyfrif Eisteddfod y Tabernacl yn yr adroddiadau blynyddol o 1943 ymlaen hyd 1967 ond mae'n debyg na chynhaliwyd eisteddfod ar ôl 1953. Dros y ddeng mlynedd 1943 i 1953, pan gynhaliwyd yr eisteddfod, gwnaed elw sylweddol bod blwyddyn o isafswm o £11/1/8 ym 1950 i uchafswm o £68/6/9 ym 1952. Ond ym 1954 yn hytrach na chynnal eisteddfod aethpwyd ati i gynhyrchu drama dan gyfarwyddyd Mr T.E. Jones, ysgolfeistr yr ysgol gynradd a bu canmoliaeth fawr i'r perfformiad a gwnaed elw o £39/6/11 ar y noswaith. Ond dyna, mae'n debyg, oedd diwedd eisteddfod y Tabernacl oherwydd dim ond cyfrifion yn dangos y llog ar yr arian yn y banc ymddangosodd yn flynyddol hyd 1967 pan adroddwyd bod y Pwyllgor wedi gwerthu dwy gadair am 15 swllt yr un a bod £15 wedi mynd i'r British Rail Staff Association am 60 o gadeiriau. Talwyd i Tŷ John Penry swm o £18/17/0 am lyfrau a throsglwyddwyd gweddill arian Pwyllgor yr Eisteddfod sef £31/12/8 i Drysorfa Adeiladu yr Eglwys. A dyna ddirwyn i ben bodolaeth Pwyllgor yr Eisteddfod.

4.03 Sefydlu Cymdeithas y Chwiorydd (1952)

Yn adroddiad 1952 y cyhoeddodd y gweinidog sefydlu 'Cymdeithas y Chwiorydd': '…Ynys wyrddlas a gobeithiol… ym mywyd yr Eglwys.' Roedd yna gymdeithas y chwiorydd wedi ei ffurfio ym 1936, yn amser y Parchg Gwilym Higgs, ond ni fu son am y gymdeithas honno yn adroddiadau'r Eglwys ar ôl 1944. Cyhoeddwyd enwau swyddogion y gymdeithas newydd yn adroddiad 1958. Y Llwyddion oedd y Parchg a Mrs J.H. Francis; Is-lywydd Mrs F. Roderick; Trysorydd Miss S. Thomas; Ysgrifenydd Mrs W. George. Erbyn 1962 roedd Mrs Roderick wedi cymeryd drosodd fel Trysorydd a bu yn y swydd am 35 o flynyddoedd hyd 1997.

Ym 1953 gwnaed gwelliannau i'r organ a phrynwyd offer newydd i wresogi'r capel. Sicrhaodd Cymdeithas y Chwiorydd bod arian ar gael i dalu am y gwaith drwy gyfrannu swm o £400 i'r gronfa adeiladu. Cyfrannodd pwyllgor yr eisteddfod swm o £200 i'r un gronfa. Bu'r Gymdeithas yn hynod o weithgar ar hyd y blynyddoedd yn codi arian, yn bennaf i drysorfa adeiladu y Tabernacl, drwy gynnal yn flynyddol arwerthiant 'bring and buy', cyngherddau gan bartion o fri megis Bois y Blacbord, 'nosweithiau amrywiol' a hefyd eisteddfod Gŵyl Dewi. Cyfeiriwyd yn barod at y swm o £400 gyflwynwyd i'r gronfa adeiladu ym 1953; ddwy flynedd yn ddiweddarach cyfrannwyd £40, oedd tua hanner cost ffenestri newydd ddodwyd yn y capel ym 1955.

Nid y Tabernacl yn unig dderbyniodd gefnogaeth y Gymdeithas. Er enghraifft, clustnododd y Cenhedlodd Unedig y flwyddyn 1959 yn Flwyddyn y Ffoaduriaid mewn ymgais i dynnu sylw at sefyllfaoedd trychinebus ffoaduriaid ar draws y byd. Trefnodd Cymdeithas y Chwiorydd arwerthiant arbennig a danfonwyd elw o £41/13/9 (tua £1,000 heddiw) ynghyd a dillad a gasglwyd gan y chwiorydd i Gronfa Ffoaduriaid y Cenhedloedd Unedig… gweithred a ddisgrifiwyd gan y gweinidog fel 'darn o wasanaeth pur Gristnogol'.

Adroddiad blynyddol 1953 oedd yr un olaf i gynnwys adroddiad am Drysorfa'r Gobeithlu (Y Band of Hope). Yn ôl adroddiad Mrs Tudor y Trysorydd roedd y Gobeithlu wedi cymryd rhan yn rihyrsal y Gymanfa Ddirwestol yn Nazareth ac wedi trefnu bws i Faenclochog (i'r Gymanfa siwr o fod). Roedd swm o £20/13/11 mewn llaw ar ddiwedd y flwyddyn. Ond mae'n debyg mai gwan oedd y gefnogaeth i'r Gobeithlu erbyn hyn oherwydd yn adroddiad y flwyddyn ganlynol (1954) dangoswyd bod Trysorfa'r Ysgol Sul wedi derbyn swm o £21/5/4 oddiwrth y Gobeithlu. Ni fu son am y Gobeithlu ar ôl hynny.

Ym 1957 derbyniodd aelod ffyddlon o'r Eglwys sef Miss Elizabeth Rogers, anrhydedd drwy iddi dderbyn Tystysgrif yr Ysgol Sul [Medal Gee] am ffyddlondeb oes gyfan. 'Llefared ei hesiampl yn huawdl i ni gyd.'

4.04 Galw am Fwy o Ffyddlondeb

Ond apêl am fwy o ffyddlondeb oedd yn britho anerchiad y gweinidog ym 1957. Am oedfa bore Sul: '…deued o leiaf un o bob teulu i'r oedfa hon.' Ac am yr ysgol Sul: 'Apel sydd gennyf at yr oedolion i ddod yn athrawon a disgyblion.'

Yn yr un adroddiad cyfeiria Mr Francis at weithred lle trawsffurfiwyd 'yr ystabl i adeiladu angenrheidiol' a diolchodd 'i bawb a fu'n cynllunio a threfnu.' Toiledau oedd yr 'adeiladau angenrheidiol'.

4.05 Cyngor yr Undeb yn y Tabernacl

Digwyddiad pwysig ym 1958 oedd ymweliad Cyngor Undeb yr Annibynwyr Cymraeg a'r Tabernacl o 8 i 10 Medi. Rhwng aelodau'r Tabernacl, Bethel,

Llanddewi a ffrindiau o aelodau Nasareth, Eglwys y Bedyddwyr yn yr Hendy-gwyn, llwyddwyd i ddod o hyd i lety ar gyfer pawb o'r cynrychiolwyr oedd yn dymuno hynny. Ac roedd y gweinidog yn fawr ei glod i'r gwragedd am eu trefniadau delfrydol gyda pharatoi'r bwyd ar y festri a oedd wedi ei haddurno yn arbennig ar gyfer yr achlysur. Ac yn ôl y gweinidog '…ni ellir orbrisio y fendith a ddaeth inni fel Eglwys drwy ymweliad y Cyngor.'

Ym 1959 dechreuodd yr Eglwys gyfrannu tuag at Y Feibl Gymdeithas ac fe wnaed hynny yn flynyddol ar raddfa o £60 y flwyddyn o 1989 ymlaen hyd 2013 pan ddaeth y cyfraniad i ben.

4.06 Cwarter Canrif yn y Weinidogaeth. Apêl am Fwy o Ffyddlondeb

Blwyddyn nodedig yn hanes y Parchg J Huw Francis oedd 1959 gan iddo ddathlu cwarter canrif yn y weinidogaeth. Trefnwyd gwledd ar y festri a chwrdd tysteb yn y capel dan lywyddiath y Parchg W. Cadwaladr Williams, Henllan. Derbyniodd Mr Francis rodd gan yr Eglwys a hefyd rodd oddiwrth Hebron a Nebo lle cychwynnodd fel gweinidog. Cafwyd cwmni nifer o weinidogion y dref a'r cylch yn y dathliad ac roedd yno gynulleidfa luosog. Ond er mor felys oedd adrodd am y dathlu gorffennodd Mr Francis ei lith am 1959 gydag apêl am '…ffyddlondeb mwy i'r Ysgol Sul ac yn arbennig i oedfa fore Sul. Gwnewch bopeth i gadw'r plant a'r ifanc mewn cyswllt bywiol a'r eglwys.'

4.07 Adnewyddu Soar (1959/60)

Ar ôl casglu tuag at gronfa adnewyddu Soar yn ystod 1959 pryd gyfranodd 430 o aelodau'r Eglwys a chyfeillion Soar y swm o £921/10/6 (tua £20,300 heddiw) ail agorwyd y capel ar ddydd Mercher, 19 Hydref 1960 gyda dau gyfarfod, un am 2.15 a'r llall am 6.30. Agorwyd drws y capel gan Miss Elizabeth Rogers a chafwyd crynodeb o hanes yr achos gan Mr Tom Rees, B.A. Cafwyd anerchiad gan y cyn-weinidog, y Parchg Gwilym Higgs B.A. a chyfarchion gan y Parchgn W Cadwaladr Williams, Tudor Lewis, Haydn Jones a'r Prifathro T. George Davies, B.A., B.D. Yn yr hwyr pregethwyd gan y Parchg Huw Francis, B.A. Disgrifiad Mr Francis o'r cyfarfodydd oedd eu bod yn rhai 'a hir gofir am eu naws ysbrydol…'.

Y flwyddyn ganlynol tro adeilad y Tabernacl oedd cael ychydig o adnewyddiad pan sefydlwyd system nwy i wresogi'r capel.

Yn ei gyfarchiad blynyddol am y flwyddyn 1960 cyfeiriodd y gweinidog at ymddeoliad Mr a Mrs Garfield Tudor a diolchodd iddynt am eu gwasanaeth a'u hymroddiad diflino i waith yr Eglwys ar hyd y blynyddoedd a dymunodd ddedwyddwch iddynt yn eu cartref newydd yng Nghaerfyrddin. Ar ôl 21 o flynyddoedd diflannodd enw Mrs Tudor o restr y rhai oedd 'wrth yr organ' ond daeth tri enw newydd i'r rhestr sef, Mrs Eilir Blethyn, Reigate; Mr J Evans, Beckenham House; a Mr Selwyn Jones, 18 St Mary Street. Unwaith eto gorffennodd Mr Francis ei lith 'gydag apêl daer am ffyddlondeb mwy i holl foddion yr Eglwys'.

Dangosodd aelodau'r Eglwys eu consyrn am ddioddefwyr trychineb glofa Six Bells, Abertillery drwy gyfrannu yn arianol i Apêl am gymorth yn dilyn colli 45 o lowyr mewn ffrwydriad yn y pwll ar 28 Mehefin 1960.

4.08 Cofio'r Troi Mas

Yn adroddiadau 1961 a 1962 cawn Mr Francis yn cryfhau ei apêl am fwy o deyrngarwch i waith yr Eglwys. Ym 1961 atgoffodd yr aelodau am y troi mas a ddigwyddodd dri chan mlynedd ynghynt fel canlyniad i ddeddf unffurfiaeth 1662. Trowyd allan 78 o offeiriaid o'u heglwysi yng Nghymru am iddynt wrthod cydymffurfio a'r drefn eglwysig. Gwnaeth Mr Francis dri phwynt am yr anghydffurfwyr cyntaf hyn:
'A. Rhoisant bwyslais mawr ar yr Eglwys... offeryn Duw i sefydlu Ei Deyrnas.... Ein tasg ni yn y Tabernacl yw helpu'r Crist i greu Eglwys yma y bydd Ef yn falch ohoni.... B. Rhoisant bwyslais mawr ar argyhoeddiad. Oes heb argyhoeddiad at ddim yw hon. Bedyddied ni o'r newydd ag argyhoeddiadau cryfion y Tadau ynglŷn a gwerth y Sabboth, rhyddid cydwybod a gwerthoedd digyfnewid yr Efengyl. C. Rhoisant werth difesur ar bob dyn – gwir shekinah [trigfan] Duw yw personoliath. Ein tasg ni yw helpu pawb i fod y dyn a'r ddynes orau fedrant fod, a helpu pawb i fyw y bywyd llawn yng Nghrist.'

Ac ym 1962: 'Ys gwn i pa dderbyniad a gaiff yr Adroddiad hwn yn eich cartref? ...eleni yr wyf am i bob aelod ddwysfyfyrio uwch ei ben ac fe ddaw i wybod llawer am ei gyd aelodau a llawer amdano ei hun fel aelod'. Tynnodd sylw at y ffaith bod llawer o arweinwyr yr Eglwys wedi eu cipio gan angau dros y blynyddoedd diwethaf a gofynodd y cwestiwn: 'A fydd y canol oed yn ddigon gwrol a doeth a Christnogol i [gymeryd] y cyfle hwn a sicrhau fod Eglwys y Tabernacl yn mynd rhagddi yn llwyddiannus.... Dyma'r Dewis – ffyddlondeb i foddion y Sul, yr Ysgol Sul a'r Cwrdd Gweddi – neu osgoi'r cyfle a chadw ymlaen i ddod fel y mynnen a cholli cymeradwyaeth y Meistr ar ddiwedd y dydd.... Loes i'n calon yw gweld yr ifanc yn esgeuluso'r Eglwys a'r gwasanaethau, a ffolineb yw gair heb esiampl.'

4.09 Teyrnged i'r Parchg Gwilym Higgs

Y flwyddyn ganlynol, 1963, roedd llith Mr Francis yn gyfangwbl bron yn deyrnged i gyn weinidog y Tabernacl, y Parchg Gwilym Higgs, a oedd wedi marw yn 89 mlwydd oed. Bu'n weinidog y Tabernacl o 1907 hyd 1949. 'Yr oedd yn bregethwr coeth, yn meddu ar feddwl treiddgar, [ac] yn ddarllenwr eang…. Bu'n brwydro yn ddygn dros addysg i bawb…. Cafodd y plant ffrind mawr ynddo, ac nid oedd ei debyg i'w holi mewn cymanfa Bwnc.' Bu angladd Mr Higgs yn y Tabernacl ac fe'i claddwyd ym mynwent Soar.

Dyma'r flwyddyn yr ychwanegwyd enw Mr Vivian Evans, Delfryn at restr y bobl 'wrth yr organ' a bu ar y rhestr am yr 16 mlynedd nesaf.

Yn adroddiad 1964 cydnabodd Mr Francis gyda diolch y codiad cyflog a ddyfarnwyd iddo gan yr Eglwys y flwyddyn honno. Dros y ddau ddegawd 1950–1970 roedd chwyddiant, ar gyfartaledd, yn 4.1% y flwyddyn a llwyddodd Eglwys y Tabernacl i sicrhau codiadau cyflog i'w gweinidog oedd yn cyfateb i hyn.

4.10 Y Gymdeithas Weithgar

Drwy'r 1960au a'r 1970au cynnar dathlwyd Gŵyl Ddewi yn y Tabernacl drwy i Gymdeithas y Chwiorydd gynnal eisteddfod – hyd y flwyddyn 1965. Ar ôl hynny trefnodd y Gymdeithas Gyngerdd Gŵyl Ddewi blynyddol ac ym 1970 y prif artistiaid oedd Perlau Taf – y parti lleol oedd yn boblogaidd a llwyddiannus ar raddfa genedlaethol.

Ni fu cyfeiriad at ddigwyddiad Gŵyl Ddewi yn adroddiad blynyddol y Gymdeithas ar ôl 1972 er ei bod yn weithgar iawn mewn meysydd eraill megis codi arian drwy 'bring and buy' a threfnu rhaglen o siaradwyr i annerch. Dim rhyfedd i'r gweinidog ym 1975 – y flwyddyn y daeth Mrs Olwydd James yn ysgrifennydd – ddisgrifio'r Gymdeithas fel 'Ffynon o wir ysbrydiaeth a diwylliant.'

Etholwyd wyth diacon newydd ym 1965 a phenodwyd Mr Grismond Jenkins, Kimpese yn Ysgrifennydd yr Eglwys ar ymddeoliad Mr M Phillips, Min yr Awel. Flwyddyn yn ddiweddarach daeth Miss Rhian Jenkins yn organydd a bu yn y swydd am ddeng mlynedd. Ychwanegwyd enw Miss Ann Francis i'r tim 'wrth yr organ' ym 1967 a bu hithau yn organydd yn y Tabernacl am naw mlynedd. Yn 1968 dechreuodd Miss Lucy Walters fel organydd ac aeth 17 mlynedd heibio cyn iddi roi'r gorau i'r gwaith.

4.11 Adnewyddu Tabernacl (1966) ond Angen Adfywiad Ffyddlondeb

Bu llawer o drafod yn y 1960au cynnar ynglŷn a'r angen am adnewyddu adeilad y Tabernacl; wedi'r cyfan roedd dros chwarter canrif ers yr adnewyddiad diwethaf ym 1934. Erbyn 1966 roedd cynlluniau wedi eu paratoi a chasgliad ymysg yr aelodau a ffrindiau (224 o gyfranwyr) wedi sicrhau swm o £2,409/0/9 (tua £42,000 heddiw) i dalu am y gwaith. Yn ychwanegol gwnaed llawer o waith gwirfoddol megis golchi a glanhau y seddau gan frodyr a fu bron yn byw yn y capel gan iddynt roi oriau hir o wasanaeth. Cyfranodd Cymdeithas y Chwiorydd swm o £54/2/2 i brynu carpedi a llenni ac fe gyfeiriodd y gweinidog, yn ei adroddiad am 1966, at wasanaeth arbennig Mrs Rosser a Mrs George. Mr Dennis Walters oedd y crefftwr fu'n gyfrifol am wneud y gwaith 'atgyweirio a phaentio' a talwyd teyrnged iddo yntau hefyd gan y gweinidog.

Agorwyd y capel ar ei newydd wedd ar ddydd Mercher, 16 Tachwedd 1966 gan yr aelod hynaf, Mrs Eunice Davies, Parcyrhos, Trefechan (roedd hi a'i diweddar briod, John, wedi enwi eu cartref ar ôl y tyddyn ger pentref Llanglydwen yn nyffryn Taf lle roeddent yn byw yn y 1930au a'r 1940au hyd 1943. Bryd hynny roeddent yn aelodau gweithgar o Eglwys Annibynnol Cefnypant. Bu John Parcyrhos, garddwr wrth ei alwedigaeth, a'i siart sol-ffa yn fodd i ddysgu nifer helaeth o blant a phobl ifanc Cefnypant i ddarllen cerddoriaeth yn y 1920au a'r 1930au. Ffaith ddiddorol arall am y teulu hwn yw ei fod yn un o'r 20% yn unig o deuluoedd plwyf Llanboidy – oedd yn cynnwys yr Hendy-gwyn – a ddewisodd lenwi ffurflenni Cyfrifiad 1911 yn y Gymraeg.)

Aeth y dyrfa i fewn i'r capel yn swn emyn o foliant a ganwyd ar yr organ gan Mrs Marion Mathias. Neilltuwyd oedfa'r prynhawn i ddadorchuddio cofeb i'r diweddar Barchedig Gwilym Higgs, B.A. – tasg a gyflawnwyd gan ei fab Mr Denis Higgs. Dilynwyd hyn gan dê ar y festri wedi ei baratoi gan chwiorydd yr Eglwys. Coron ar y cyfan yn ôl y gweinidog oedd oedfa bregethu yn yr hwyr gyda dau bregethwr gwadd sef y Parchgn William Davies, Castell Newydd Emlyn ac Emlyn Jenkins, Caerdydd yn traethu. Daeth gweithgareddau yr ail-agor i ben y nos Sul canlynol pan gafwyd oedfa ddathlu gan y plant.

Ond ynghanol yr holl iwfforia a grewyd wrth adnewyddu'r adeilad dangosodd Mr Francis bod ei draed yn gadarn ar y llawr drwy orffen ei anerchiad yn adroddiad 1966 gydag apêl am 'adfywiad mewn ffyddlondeb i holl gyfarfodydd [yr Eglwys]. Nac oered y brwdfrydedd a brofwyd [yn ystod] y misoedd diwethaf hyn.'

Roedd y Parchg Huw Francis yn fawr ei ofal o'i aelodau ac yn ymweld a hwy yn eu cartrefi yn rheolaidd. Roedd y berthynas rhyngddo a'i braidd mor glos fel na fyddai neb yn gwylltio o weld y gweinidog yn cerdded mewn drwy ddrws y cefn wrth iddo wneud ei ffordd o dy i dy dros gloddiau'r gerddi!

'Pwy roddodd hawl i chi fod ar y ward?' gwaeddodd matron awdurdodol arno yng Nglangwili un tro. 'Yr Un rwyn atebol iddo' oedd ateb parod Huw Francis. Roedd yn hollol sicr o'i le yn y byd!

Ar 21 Hydref 1966 digwyddodd trychineb Aberfan. Yn dilyn glaw trwm llithrodd tomen sbwriel glo i lawr y mynydd a chladdu ysgol gynradd ac adeiladau eraill ym mhentref Aberfan ger Merthyr Tudful. Lladdwyd 116 o blant a 28 o oedolion. Fel y gellid disgwyl atebodd Eglwys y Tabernacl yn hael i Apêl Aberfan.

Cyn gadael 1966 rhaid cyfeirio at farwolaeth Mr Tom Rees, B.A. y Grofft. Roedd Mr Rees wedi gwasanaethu Eglwys y Tabernacl fel diacon ers 1939 ac fel ysgrifennydd arianol o 1940 hyd 1952.

Ond fe'i cofir gan lawer mae'n siwr fel athro parchus yn Ysgol Ramadeg yr Hendy-gwyn. Ei bynciau oedd Ffrangeg ac Astudiaethau Crefyddol. Roedd hefyd yn fugail dros y chweched dosbarth ac roedd byth a beunydd yn cynghori 'gwyddonwyr' y chweched i gofio darllen yn eang. Dim ond yn ddiweddarach y sylweddolodd rhai ohonom mor ddoeth a phwysig oedd cyngor Tom Rees.

Parhau wnaeth awch adnewyddu'r adeilad gan i'r aelodau fynd ati ym 1967 i 'atgyweirio a phrydferthu' y Festri gyda chymorth rhodd arianol o £100 oddiwrth Cymdeithas y Chwiorydd. Mr Denis Walters, St Clears ymgymerodd a'r gwaith. Gwariwyd £57/3/11 yn siop T.P. Hughes (carpedi) yng Nghaerfyrddin a £313/13/9 yn siop Pugh Brothers (unedau cegin) yn Llanelli – eto gan Gymdeithas y Chwiorydd. Ar ôl yr holl siopa roedd y chwiorydd yn llawn haeddu trip (bws a bwyd) i ymlacio yn yr haf – ble bynnag y bu'r antur honno.

Apwyntiwyd dau swyddog newydd gan yr Eglwys ym 1968 sef Mr Willie Davies yn Drysorydd a Mr Ronnie James yn Ysgrifennydd Ariannol.

4.12 Degawd Drafferthus

Degawd drafferthus i gapeli fu'r 1970au ar lawer cyfrif. Roedd aelodaeth eglwysi yn lleihau yn gyffredinol ac yn achos y Tabernacl gwelwyd cwymp o 16% (colled o 54 aelod) dros y ddegawd. Dim rhyfedd i Mr Francis ymbil am fwy o ffyddlondeb i gyfarfodydd y Sabbath ym mhob un o'i areithiau yn Adroddiadau Blynyddol yr Eglwys drwy'r 1970au. Hefyd bu'r ddegawd yn anodd dros ben yn economaidd ac yn ariannol. Roedd llai o alw am lo yn wyneb hwylusrwydd defnyddio olew a nwy a bu'r glowyr ar streic am 7 wythnos ym 1972 ac am 16 wythnos ym 1974. Ond yn dilyn Rhyfel Yom Kippur ym 1973 pryd rhoddodd Prydain a gwledydd eraill gefnogaeth filwrol i Israel yn erbyn y Palesteiniaid penderfynodd OPEC (cynghrair o wledydd yn y Dwyrain Canol, Affrica a De America lle cynhyrchid olew) gynyddu pris olew gan ffactor o 4x gan achosi anhrefn yn economiau llawer o wledydd yn cynnwys Prydain. Torrwyd yr wythnos-waith i dri diwrnod ym 1974 a gorfodwyd llywodraeth Lafur Jim Callaghan i fenthyca $4 biliwn oddiwrth y Gronfa Ariannol Ryngwladol ym 1976. Dros y dair blynedd 1976 i 1979 collwyd 60,000 o swyddi yng Nghymru.

Yn ariannol bu'n amser anodd iawn oherwydd i chwyddiant, ar gyfartaledd, fod yn 14% y flwyddyn dros y ddegawd. Cawn syniad o effaith y lefel uchel hwn o chwyddiant wrth ystyried bod aelodaeth y Tabernacl, er wedi lleihau 16% mewn nifer dros ddegawd y 1970au, wedi cynyddu eu cyfraniadau (amlenni) gan ffactor o 2.4x. Ond er mwyn gwrth-wneud chwyddiant dros y cyfnod byddai angen i'r cyfraniadau fod wedi cynyddu gan ffactor o 3.6x.

Arwydd o'r amserau oedd gweithred Undeb yr Annibynwyr Cymraeg yn sefydlu 'Cronfa Parhad y Weinidogaeth'. Mewn ymateb i apêl gan weinyddwyr y Gronfa ym 1978 casglwyd swm o £830 (tua £4,500 heddiw) oddiwrth aelodau'r Tabernacl.

4.13 Caniadaeth y Cysegr o'r Tabernacl

Cafodd y genedl gyfan gyfle i ymuno a chynulleidfa'r capel ar Sul 30 Awst 1970 gan mai o'r Tabernacl y darlledwyd 'Caniadaeth y Cysegr' y Sul hwnnw. Cafwyd cymorth eglwysi'r cylch i lanw'r adeilad a chyfoethogwyd y canu gan bresenoldeb aelodau o Gôr Meibion yr Hendy-gwyn. Mr D.L. Stephens oedd arweinydd y gân a Mrs E. Blethyn oedd wrth yr organ. Mae'n debyg mai cyn y darllediad y gwariwyd £102/10/6 ar atgyweirio'r organ a £13/4/0 i'r un gŵr am ei diwnio. Tybed a'i cyn hynny neu wedi hynny y talwyd £1/5/0 i diwniwr arall yn yr un flwyddyn? Beth bynnag am hynny derbyniwyd nifer o lythyron yn dilyn y darllediad yn tystio i'r canu fod o safon uchel.

4.14 Rhagor o Ddathlu

Yn y flwyddyn 1971 cwblhaodd y Parchg J.H. Francis 21 mlynedd yn y Tabernacl a dathlwyd yr achlysur gan aelodau'r Eglwys mewn gwledd ar y festri oedd yn cynnwys canu, adrodd a theyrngedau ac fe gyflwynwyd rhodd arianol i'r teulu Francis.

Erbyn y flwyddyn ganlynol, 1972, roedd Mr D.L.Stephens, Arweinydd y Gân a'r Plant yn y Tabernacl wedi cwblhau hanner canrif o wasanaeth fel Arweinydd Côr Meibion Hendy-gwyn. Trefnodd Cymdeithas y Chwiorydd yn y Tabernacl gasgliad a defnyddiwyd yr arian ar swper dathlu a gynhaliwyd ar 2 Tachwedd 1972. Cyflwynwyd anrheg o waled i Mr Stephens a cyfeiriwyd hefyd at lafur diflino Mrs

Mabel Stephens, gwraig yr arweinydd, a oedd yn gyfeilydd i'r Côr Meibion. Aelod o'r côr hwnnw gyfansoddodd y penillion canlynol o deyrnged i Mr Stephens:

Hanner canrif a aeth heibio
Er pan ddest yn las lanc llon,
Lawr i'r Hendygwyn yn athro
Bwrlwm ieuenctid dan dy fron.
Nid rhyw athro naw i bedwar
Oedd dy fywyd di i fod.
'Roedd dy gefndir yn rhy eang
Byd y gân ydoedd dy nôd.

Gafael wnest mewn trŵp o fechgyn
Meithrin ynddynt anian cerdd,
Cynnal cyngerdd, eisteddfoda
Son amdanynt aeth ar gerdd.
Ar hyd siroedd dehau Cymru,
Ceredigion a Sir Gâr,
Dros y ffin i lawr i Benfro,
Abergwaun a Llanychâr.

Dysgu gweithiau yr hen feistri
Cymru'n Uno, Babylon's Wave.
Pererinion a Tannhauser,
Martyrs, Gwaed y Groes a Llêf
'Rhen Castilla a Myfanwy,
A Matona'r eneth lon.
Ac os daw recwest – wel Comrades,
Rhaid yn wir cael tonc ar hon.

Codi canu yn y capel,
Athro yn yr Ysgol Sul,
Dysgu Anthem i'r Gymanfa,
Rhodio'n ffordd y llwybyr cul;
Diolch am yr hanner canrif
O wasanaeth clodwiw llawn.
Dôs ymlaen tra paro'r anian
Ti gei goron gan yr Iawn.[1]

Fel y nodwyd uchod Cymdeithas y Chwiorydd fu ynglŷn a'r dathlu ac mae'n briodol nodi yma wasanaeth hirfaeth Ysgrifennydd y Gymdeithas, Mrs R Davies (George cyn hynny), a fu yn y swydd ers sefydlu'r Gymdeithas yn y 1950au cynnar hyd nes iddi ymddeol ym 1972. Dilynwyd Mrs Davies fel ysgrifennydd gan Mrs B Phillips ac yna yn y flwyddyn 1975 daeth Mrs Olwydd James i'r swydd.

Sefydlwyd Undeb yr Annibynwyr Cymraeg ym 1872 ac yn Adroddiad Blynyddol y Tabernacl am 1972 nodir bod casgliad wedi cymryd lle tuag at 'Gronfa Dathlu yr Annibynwyr' ac o ganlyniad talwyd y swm o £103.75 i'r Gronfa.

4.15 Gwyliau

Yn adroddiad 1973 diolchodd Mr Francis am barodrwydd yr Eglwys i'w ryddhau o'i ddyletswyddau am gyfnod er mwyn iddo fedru manteisio ar gyfle i fwynhau gwyliau yn yr Amerig – 'Profiad a ddaw i ddyn unwaith mewn bywyd oedd hwn'. Tra yn yr Unol Daleithiau manteisiodd Mr a Mrs Francis ar gyfle i fynychu cyfarfod lle roedd yr Arlywydd Richard Nixon yn wynebu uchelgyhuddiadau difrifol ynglŷn a sgandal Watergate a wnaethant yn y diwedd arwain i'w ymddiswyddiad.

Dioddefodd trigolion Bangladesh newyn erchyll ym 1974 ac ymatebodd Eglwys y Tabernacl yn gadarnhaol i'r galw am arian i gynorthwyo'r dioddefwyr drwy gasglu swm o £282 tuag at Cronfa Apêl Bangladesh. Yn yr un flwyddyn cyfrannodd Cymdeithas y Chwiorydd swm o £110 i Gronfa Bangladesh Cymorth Cristnogol.

4.16 Canmlwyddiant y Tabernacl. Pasiant yr Ifanc a'r Plant

Blwyddyn dathlu can mlwyddiant bodolaeth capel y Tabernacl oedd 1974 a gwnaed hynny yn 'Yr Oedfa Ddathlu' ar 11 Rhagfyr 1974. Roedd 1974 hefyd yn flwyddyn dathlu 40 mlynedd yn y weinidogaeth i'r Parchg Huw Francis a 25 o'r blynyddoedd hynny wedi bod yn y Tabernacl. Dim ond dau weinidog arall oedd wedi gweinidogaethu'r Eglwys sef y Parchg William Thomas o 1855 i 1908 a'r Parchg Gwilym Higgs o 1907 i 1949.

Neilltuwyd oedfa prynhawn y Dathlu i 'gofio ddoe'. Rhoes y gweinidog fraslun o hanes yr Eglwys dros y ganrif. Caed stôr o atgofion gan Stephen Griffiths am gymeriadau ddoe a chafwyd portread o 'Stryd Soar' neu 'Coronation Street' gan Thomas Rosser. Hanes datblygiad Caniadaeth y Cysegr gafwyd gan Mr D.L. Stephens a gair am y weinidogaeth heddiw oedd neges Mr G. Jenkins. Roedd dwy wraig arbennig yn bresennol sef Mrs J.T. Morgan O.B.E., Abertawe a wnaeth draddodi araith ysbrydoledig. Y llall oedd merch-yng-nghyfraith y diweddar

Barchedig Gwilym Higgs sef Mrs Dennis Higgs. Cyflwynodd y ddwy wraig roddion ariannol sylweddol i'r Eglwys fel y gwnaeth Miss Ivy Jenkins – aelod o un o hen deuluoedd y Tabernacl – oedd bellach yn byw yng Ngholombo.

Yn yr hwyr pregethwyd gan y Parchedigion Towyn Jones, Heol Awst, Caerfyrddin ac Aled Gwyn, Henllan Amgoed.

Y nos Sul ganlynnol llwyfannwyd Pasiant o Hanes yr Eglwys gan ieuenctid a phlant y Festri o dan ofal tîm o gynhyrchwyr: Miss Cunnick, Mrs Margarette Hughes, Mrs Eilir Blethyn, Miss Rhian Jenkins, Mr D.L.Stephens a Mr J.Melville Jenkins. Cafwyd cymorth hefyd gan Mr Denzil Davies, Dr M. Holding a'r Parchg Towyn Jones. Ac yn hwyl perfformiad bendigedig gan y plant a'r ieuenctid daeth dathliadau'r can mlwyddiant i ben ar nodyn gobeithiol wrth fynd i fewn i'r ail ganrif yn hanes y capel.

Collwyd un a oedd wedi gwasanaethu'r Eglwys yn ffyddlon fel ysgrifennydd ariannol o 1952 i 1968 pan fu farw Mr George Evans, Talbot House yn 1974. Yn yr un flwyddyn daeth cyfnod Mrs Eirwen Thomas fel Gofalydd y Capel i ben ar ôl deuddeg mlynedd o wasanaeth gofalus a diwyd ond cadwodd ei phriod ymlaen a'i gyfrifoldeb dros y peiriant gwresogi. Yn 1974, hefyd, gwelwyd enw Miss Menna Blethyn, Windermere ymysg y rhai oedd 'wrth yr organ' ac mae enw Menna yn dal i fod yno. Ym 1975 bu farw Mr S.B. Griffiths, Woodland Stores cyn drysorydd yr Eglwys o 1954 hyd 1968 a chyn athro Ysgol Sul a gŵr a oedd yn aelod ffyddlon o'r Cwrdd Gweddi. Yn yr un flwyddyn etholwyd deg diacon newydd.

4.17 Gofalaeth Newydd

Ym 1976, ychwanegwyd enw Miss Meinir James, Ivy House at y chwech arall oedd 'wrth yr organ'. Ymddeolodd Mr W.D. Davies ar ôl wyth mlynedd yn swydd Trysorydd yr Eglwys ac fe gymerwyd ei le gan Mr J. Melville Jenkins.

Bu newid sylfaenol i'r ofalaeth ym 1976 pan ymunodd Eglwys Triniti, Llanboidy gydag Eglwysi y Tabernacl a Bethel, Llanddewi i ffurfio gofalaeth newydd o dair Eglwys. Roedd ychwanegu Triniti i'w groesawu yn ôl y Parchg Huw Francis ond ar yr un pryd tanlinellodd y ffaith mai dim ond un oedfa bregethu fyddai yn y Tabernacl ar y Sul o hyn allan ac apeliodd am 'ffyddlondeb cydwybodol pob aelod i'r oedfa hon'.

Ym 1977 cyflwynodd Cymdeithas y Chwiorydd rodd o £15 (tua £90 heddiw) i'w trysorydd, Mrs H.R. Roderick fel gwerthfawrogiad o'r ffaith iddi ddal y swydd ers 1961 a chyn hynny gwasanaethodd fel is-lywydd ers sefydlu'r Gymdeithas ym 1952.

Yn y flwyddyn hon, 1977, y ceir y cyfeiriad cyntaf yn yr Adroddiad Blynyddol at ddigwyddiad newydd sef 'Cymanfa Rhinwedd a Moes'. Cymerodd aelodau'r

Tabernacl ran mewn dwy gymanfa arall hefyd ym 1977 sef Cymanfa Ganu a Chymanfa Bwnc.

Ym 1978 ceir enghraifft arall o Eglwys y Tabernacl yn gweithredu egwyddor yr efengyl gymdeithasol drwy i'r Ysgol Sul gyflwyno rhodd o £45-75 i'r 'Whitland and District Old People and Handicapped Persons Welfare Fund'.

4.18 Ymddeoliad y Parchg J Huw Francis B.A.

'Daeth yr amser i mi gyflwyno Adroddiad ariannol yr Eglwys am y tro olaf' oedd brawddeg agoriadol anerchiad y Parchg J.Huw Francis yn Adroddiad Blynyddol 1979. Erbyn paratoi'r neges roedd Mr Francis a'r teulu wedi gadael yr Hendy-gwyn ar Daf, ar ôl cyfnod o 29 mlynedd fel gweinidog Eglwys y Tabernacl, ac yn byw ym mhentref ei ymddeoliad sef Llanddarog. Arwydd o'r parch tuag at Mr Francis a'r teulu oedd y casgliad ymysg aelodau'r Tabernacl, aelodau Eglwysi'r ardal a ffrindiau arweiniodd at gyflwyno iddo dysteb ariannol sylweddol iawn o £1,484.50 (dros £7,000 heddiw). Yn ychwanegol cynhaliwyd Cwrdd Ymadawol, 'social' a chyngerdd lle amlygwyd amrywiol ddoniau plant a ieuenctid yr Eglwys er boddhad mawr i'r teulu Francis. Ymysg y teyrngedau a dalwyd i Mr Francis yr oedd y penillion canlynol:

> Annibynwr heb enwad – un a sbarc
> A sbort yn ei lygad,
> A mawredd ei gymeriad
> Yng nghalon y fron ddi frad.

> Bu'r gwaith a'r cain bregethau – a'r ymweld
> A'r mil gymwynasau,
> Yn ein tir yn hir yn hau
> A pher weithion yw'r ffrwythau.

> Ffrind i bawb ffrind y babis – ffrind yr hen
> Ffrind y reps a'r hipis
> Mae'r plant a diawch mae'r polîs
> Yn ffrind i'r hen Huw Francis.

4.19 Marwolaeth y Prif Organydd

Gyda marwolaeth Mrs Marion Mathias ym 1980 collodd yr Eglwys un a oedd wedi rhoi 42 mlynedd – hyd 1979 – o wasanaeth fel organydd. Roedd ei phriod James H. Mathias – athro Hanes yn yr Ysgol Ramadeg – wedi marw ym 1969. Mab iddynt oedd y cyfansoddwr enwog William Mathias fu farw ym 1992 yn 58 mlwydd oed. Yng nghyfnod Mrs Mathias fel prif organydd y capel ni chai unrhyw un daro bys ar yr offeryn heb gael gwersi ganddi – pryd byddai'n dysgu iddynt redeg y traed heb edrych ar y pedalau – 'heel and toe, my dear' oedd ei gorchymyn! Roedd yn ddi-ail am greu awyrgylch mewn gwasanaeth. (Gwybodaeth gan Ms Ann Francis).

Penderfynodd un arall o organyddion y Tabernacl sef Mr Vivian Evans, Delfryn roi'r gorau i'r gwaith ym 1980 ar ôl bod 'wrth yr organ' am 17 o flynyddoedd.

I ddilyn y Parchg a Mrs Huw Francis etholwyd Mrs Eileen Williams, Aelwyd yn Llywydd Cymdeithas y Chwiorydd ym 1980 ac yn unol a'r arferiad ar hyd y blynyddoedd cyfrannodd y Gymdeithas yn hael at anghenion y Capel ac at achosion dyngarol. Ym 1980 cyfranodd y Gymdeithas £100 tuag at y gost o £400.39 am offer i wresogi'r festri ac fe gyflwynwyd swm o £350 i'r Dyfed and West Glamorgan Kidney Disease Prevention Fund. 'Noson Goffi a Stondinau' oedd prif ffynhonnell yr arian.

4.20 Gwasanaeth Angladdol Olaf yng Nghapel Soar

Ym Mehefin 1981 cynhaliwyd y gwasanaeth angladdol olaf yng Nghapel Soar. Angladd Mrs Ethel Mary John, 4 Park Street gymerodd le y diwrnod hwnnw ac fe'i claddwyd gyda'i diweddar ŵr Mr John Thomas John a oedd yn un o bileri y gêm rygbi yn yr Hendy-gwyn ar Daf, fel chwaraewr yn hanner cyntaf yr 20fed ganrif ac yn ddiweddarach fel cefnogwr. Dilyn ôl ei droed wnaeth ei ddau fab, Douglas ac Uri, fel chwaraewyr o fri yn negawdau canol yr un ganrif ac heddiw mae ei wyr, Geraint, yn un o swyddogion blaenllaw Undeb Rygbi Cymru.

Cyfarfod Sefydlu y Parchg Huw Francis yn y Tabernacl ym 1950.
Rhes ôl o'r chwith: Parchgn. William Davies, Edgar Phillips, Mr Morgan Jones (Ysgrifennydd yr Eglwys),
Parchg Cadwaladr Williams.
Rhes flaen o'r chwith: Parchgn. Harri Hughes, Joseph James, Huw Francis, Gwilym Higgs, ------?

Gweinidogion a Swyddogion yr Eglwys yng nghyfarfod sefydlu y Parchg J.H. Francis ym 1950.

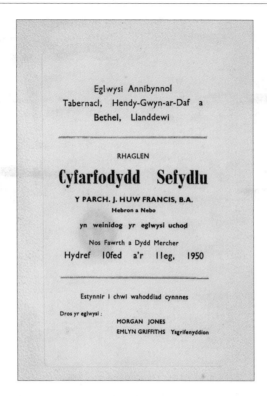

Trip Ysgol Sul yn y 1950au.
Rhes ôl o'r chwith: Leslie Phillips a Dan Phillips.
Rhes flaen o'r chwith: T.E. Jones, Parchg Huw Francis, R. Emlyn Thomas.

Aelodau o Glwb Rygbi Hendy-gwyn ar eu ffordd i rownd derfynnol Y CWPAN ym 1952.
Roedd nifer o aelodau'r Clwb yn aelodau yn y Tabernacl.
Yn sefyll o'r chwith i'r dde: Billy Williams, Morris Brace, Rennie Nicholas, Elwyn Evans, Douglas John,
Delme Hughes, Hector Price, Frank Leggatt, Owen Edwards, Uri John, Peter Griffiths, R. Pearce, P/C Evans,
George Jones, Brynmor Evans, Douglas Rees, Jimmy Evans, Tomi Davies.
Yn y blaen o'r chwith i'r dde: Jack John, Jack Thomas, Dennis James, Jackie Harries, Huw Lewis,
Len Pearce, David John, Stanley Griffiths.
(Llun a dynnwyd gan Gerwyn Williams)

Miss Elizabeth (Betsy) Rogers. Bu Betsy yn ddisgybl yn ysgol ddyddiol Soar ac roedd yn cofio '…sefyll
yn y shafins ar ganol yr ale a martsio lawr i'r ysgol newydd yn yr Hendy-gwyn.' Felly roedd yn un o'r
plant cyntaf i fynychu ysgol newydd y Bwrdd Ysgolion yn nhref Hendy-gwyn a agorwyd ym 1877.
Gwobrwywyd Betsy am ei ffyddlondeb-oes i'r Ysgol Sul pan gyflwynwyd iddi Fedal Gee ym 1957.

Adeiladu cegin gefn y mans, Glangronw, ar ddechrau'r 1950au.
O'r chwith: Garfield Tudor, Dan Phillips a'r Parchg Huw Francis ac Ann Francis yn y blaen.

D.L. Stephens fel y diacon hynaf, yn llongyfarch ac anrhegu y Parchg Huw Francis
ar ddathlu cwarter canrif yn y weinidogaeth (1959).

Dathlu cwarter canrif yn y weinidogaeth ym 1959.

Cyfarfodydd Ail Agor

CAPEL SOAR

HENDYGWYN-AR-DAF

DYDD MERCHER, HYDREF 19eg, 1960

"Meddyliwch am eich blaenoriaid, ffydd y rhai dilynnwch."

EGLWYS ANNIBYNOL Y TABERNACL
HENDYGWYN-AR-DAF

Gwasanaeth Dadorchuddio

MAEN COFFA

Y diweddar Annwyl Weinidog,

Y Parchedig GWILYM HIGGS, B.A.

1907 — 1949

Dathlu Ail Agor y Capel ar ol ei
Adnewyddu a'i Harddu

DYDD MERCHER, TACHWEDD 16eg, 1966

"Yr oedd gan y Bobl galon i weithio"

Estynnir gwahoddiad cynnes i Bawb

To commemorate the Centenary of

ELFED

A FESTIVAL OF SONG

under the auspices of Whitland and District Churches, will be held

at **TABERNACLE CHURCH, WHITLAND**

WEDNESDAY, JANUARY 18, 1961, AT 7 P.M.

President—Rev. CADWALADR WILLIAMS, Henllan
Conductor—Mr. D. L. STEPHENS
Organist—Mrs. J. H. MATHIAS

ELFED'S HYMNS WILL BE SUNG

Proceeds in aid of Elfed's Memorial Fund

Mrs Eunice Davies, Parcyrhos, yr aelod hynaf,
yn ail-agor Tabernacl ar ôl ei adnewyddu ym 1966.

Dadorchuddio Maen Coffa y Parchg Gwilym Higgs ym 1966. O'r chwith: Parchg Huw Francis,
Mrs Elsie Francis, Mrs Alice Higgs (gweddw y diweddar Gwilym Higgs), Mr Denys Higgs.

Gweinidogion yn yr oedfa dadorchuddio Maen Coffa y Parchg Gwilym Higgs ym 1966.

CYMANFA GANU

Eglwysi Annibynnol — Henllan, Tabernacl,
Llanboidy, Capel Mair, Cwmmiles a Bethel

A GYNHELIR YN

HENLLAN

Dydd Llun, Hydref 17ed, 1966

Arweinydd :
Cyril T. Edwards, Ysw., Pontardulais

SWYDDOGION Y PWYLLGOR
Cadeirydd : Mr. M. R. Roberts, Tabernacl
Is-Gadeirydd : Mr. T. Griffiths, Bethel
Trysorydd : Mr. W. Goodwin, Llanboidy
Ysgrifenydd : Mr. S. L. Griffiths, 12 Park Street, Whitland

TREFN REHEARSALS
Gorffenaf 22ain Tabernacl 7.0 (Arweinyddion, D. L. Stephens, I. Howells,
  T. Griffiths)
Medi 11ed Llanboidy, 2.0 a 6.30 (Arweinyddion, Mrs. Adams, Mrs.
  Rhydderch Evans, Mr. D. L. Stephens)
Medi 21ain Cwmmiles, 7.30 (Arweinyddion, Mrs. Rhydderch Evans,
  Mr. D. L. Stephens, Mr. T. Griffiths)
Hydref 2ain Henllan, 2.0 a 6.30 (Arweinyddion, Miss Morris, Mr. I.
  Howells, Mrs. Adams, Mr. D. L. Stephens)
Hydref 12ed Bethel, 7.30 (Arweinyddion, Mr. T. Griffiths, Mr. C.
  Phillips)
Brif rehearsal Llanboidy, Hydref 16ed, 2.0 a 6.30 (Arweinydd, Cyril T.
  Edwards)
Gymanfa—Henllan, Hydref 17eg, 10.30, 2.0, 6.30 (Arweinydd, Cyril T.
  Edwards)
Llywyddion, brif rehearsal : 2.0 David S. Evans, Goodwick ; 6.30 Parch,
  Aled Jones, Henllan
Dydd y Gymanfa : 10.30 Mr. Gethin James, Cardigan; 2.0 Mrs. Glenys
  Davies, Llanboidy ; 6.30 Mrs. Jennifer Lynne, Towyn Jones,
  Hebron.

Neuadd Ysgol Ramadeg Hên dy Gwyn ar Daf

NOSON

O HWYL A SPRI

GYDA

RYAN DAVIES, B.B.C. ALED JONES, B.A.
A Pharti " Cyngerdd Amroth "
NOS FERCHER, TACHWEDD 29ain, 1967
7:30

Llywydd : Dr. ROLAND LEWIS

Mynediad i Mewn, 3/-.   Plant Hanner Pris.
Yr elw at Gyweirio Festri Tabernacl.

NOSON O HWYL A SPRI. TACHWEDD 29ain 1967

DERBYNIADAU		TALIADAU	
TOCYNAU	48 - 9 - 0	RYAN DAVIES	15 - 15 - 0
RHODDION	2 - 1 - 9	NEUADD YSGOL RAMADEG	1 - 10 - 0
RHODD Y CADEIRYDD	10 - 0 - 0	ARGRAFFU	3 - 15 - 6
		GOFALWR YR YSGOL	1 - 0 - 0
		CALEB. REES & SON	1 - 15 - 0
		A G JAMES	7 - 3
		C. EYNON & SON	14 - 0
		MEWN LLAW	35 - 14 - 0
	£60 - 10 - 9		£60 - 10 - 9

Tom Rees, B.A. a fu farw ym 1966.

Trip i'r traeth diwedd y 1960au

Cymdeithas y Chwiorydd a ffurfiwyd ym 1952 dan lywyddiaeth y Parchg a Mrs J.H. Francis.
Cefn o'r chwith: Sarah Ann Berry, Ethel John, Eirwen Thomas, Tilly Smith, Nan Richards,
Josie Thomas, Irene Driscoll, Lizzie Davies gynt Lloyd, Hafwen Griffiths.
Canol o'r chwith: Betty Jenkins, Anna Herbert, Elizabeth Llewelyn, Ethel Higgon,
Blodwen Blethyn gynt Rosser, Annie James, Nellie Collins, Eunice John, Mary James, May Roberts,
Ann Richards, Mary Llewelyn, Lucy Walters, Edwina Cunnick.
Blaen o'r chwith: Hannah Roderick, Linda Davies, Elsie Francis, Huw Francis, Nell Davies,
Ann Henton, Ray Davies gynt George.

111

Cymdeithas y Chwiorydd: Ers ei sefydlu ym 1952 mae Cymdeithas y Chwiorydd (Cymdeithas Ddiwylliannol erbyn hyn) wedi cwrdd yn fisol o fis Hydref hyd mis Mawrth. Cynhaliwyd amrywiaeth o ddigwyddiadau megis Eisteddfodau, Nosweithiau Llawen, Dosbarthiadau Beiblaidd, Seiadau Holi, Arddangosiadau Coginio, Addysg Cymorth Cyntaf, cyflwyniadau gan ieuenctid yr Eglwys ac hefyd gan aelodau yn son am eu gwyliau tramor. Trefnwyd ymweliadau a derbyniadau i/oddiwrth gymdeithasau tebyg yng nghapeli'r ardal ac fe gynhaliwyd cyngherddau mewn llefydd fel cartrefi henoed ac Ysbyty Dewi Sant, Caerfyrddin. I ddiweddu'r tymhorau cynhelid Noson Arwerthiant er mwyn codi arian at achosion dyngarol. Hefyd, trosglwyddwyd symiau sylweddol o arian yn rheolaidd i Gronfa Adeiladu'r Eglwys. Ar ddiwedd pob tymor trefnwyd gwibdaith i'r aelodau a'u partneriaid a ffrindiau.

Trip yn y 1970au: Rhes ôl o'r chwith: Alwyn Walters, Linda Davies, Cyril Evans,
Parchg Huw Francis, Sadie Phillips, Huw James, Joan Watts, Elizabeth Davies, Ivy Richards.
Rhes flaen o'r chwith: Elsie Francis, Hannah Roderick, Myra Evans, Olwydd James,
Eric Thomas, Ann Richards, Eileen Williams, Bronwen Adams Lewis.

Dathlu 21 mlynedd yn y Tabernacl ym 1971.
O'r chwith: Rhian Jenkins, Ann Francis, Mrs Berry yn anrhegu Mrs Francis,
Y Parchg J. Huw Francis, Mr D.L. Stephens.

Y Menywod yn dathlu 21 mlynedd o wasanaeth y Parchg Huw Francis yn y Tabernacl ym 1971.
O'r chwith: Mair Bartlett, Rosina Thomas, Eileen Williams, Dilys Lewis, Ann Richards,
Mary James, Betty Jenkins, Brenda Phillips.

113

Y Dynion yn dathlu 21 mlynedd o wasanaeth y Parchg Huw Francis yn y Tabernacl ym 1971.
O'r chwith: Ron John, Roni James, Tom Rosser, Grismond Jenkins, Morgan Rhys Roberts,
Bert Henton, George Blethyn.

Yr Ieuenctid gyda Morgan Rhys Roberts yn dathlu 21 mlynedd o wasanaeth
y Parchg Huw Francis yn y Tabernacl ym 1971.
Rhes gefn (o'r chwith) - Christine Richards, Janet Phillips, Meryl James.
Rhes ffrynt - Pauline Lewis, Menna Blethyn, Marie Thomas, Gillian Davies, Eryl Rosser, Richard Jenkins,
Meurig Watts, Myrddin John, Terry Lewis, Gareth Lewis.
Yn eistedd ar y dde - Morgan Rhys Roberts

Dathlu 21 mlynedd o wasanaeth y Parchg Huw Francis yn y Tabernacl ym 1971.

Hen Galan/Calan Hen tua 1970. Aelodau Tabernacl, Nasareth, Ramoth Cwmfelin a Henllan Amgoed.
O'r chwith: Roy Llewellyn, Ithel Parri Roberts (Y Fari), Aled Gwyn, Tony Hughes, Christene Richards, Eileen
Williams, Meryl James, June Jenkins, Gerwyn Williams, Buddug Jones, Mel Jenkins.
Rhes flaen: Jean Parri Roberts, Margarette Hughes, Rhoswen Llewellyn.

Parti Drama Y Tabernacl yn y 1970au.

Drama'r Nadolig yn Festri Tabernacl ym 1972.
Rhes gefn o'r chwith: Janet Phillips, Meurig Watts, Richard Jenkins, Gareth Phillips, Jane, Judith a Gillian Davies.
Ail res o'r chwith: Kim Thomas, Huw Rees, Pauline Bartlett, Sian Elin Bancroft, Neil Jenkins,
Sarah John, Meinir James.
Rhes flaen o'r chwith: Paul Jenkins, Dafydd Hughes, Emyr Davies, Eleri Davies (bugeiliaid),
Lowri Bancroft a Mai Hughes (angylion), Menna James (Mair) a Jonathan Hughes (Joseph).

EGLWYS GYNULLEIDFAOL TABERNACL
HEN-DY-GWYN

———

CYRDDAU DATHLU

CANMLWYDDIANT YR ACHOS

1874–1974

Dydd Mercher, Rhagfyr 11, 1974

———

Pasiant gan yr Ysgol Sul

Nos Sul, Rhagfyr 15, 1974

———

Estynnir Croeso Cynnes i chwi

Dros yr Eglwys—
GRISMOND JENKINS,
Ysgrifennydd.

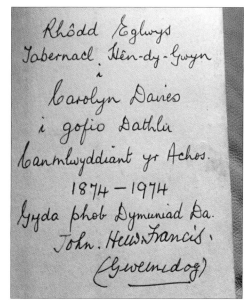

Neges, yn llaw-ysgrifen Mrs Elsie Francis, yn
y Beiblau a gyflwynwyd i blant Ysgol Sul y
Tabernacl adeg canmlwyddiant y Capel ym 1974.

Parti Drama'r Tabernacl.
Y Llew a'r Wrach a'r Cwpwrdd (Cyfieithiad Margarette Hughes o nofel C.S. Lewis) 1975.
Arwyn Thomas (Carw), Menna James (Susan), Meinir James
Judith Davies (Aslan), Kim Thomas, Jonathan Rickards, Paul Jenkins, Sian Elin Bancroft, Dafydd Hughes,
Eleri Davies, Jonathan Hughes, Iestyn Davies, Sarah John (Carw Gwyn), Rhian Thomas (Carw Gwyn).
Lowri Bancroft, Mair James, Huw Rees, Michael ac Andrew Richards, Dafydd Evans, Emyr Davies, Heledd
Bancroft, Judith Roberts, Mark James, Dewi Davies, Mai Hughes, Caroline Davies, Gail Thomas.

Oedfa Nadolig canol y 1970au. O'r chwith: Lowri Bancroft, Menna James, Jonathan Hughes, Mai Hughes

118

Float Carnifal Hendy-gwyn 1977. Addysg yn yr Hendy-gwyn o Oes Fictoria tan 1977
Rhes Gefn o'r chwith: Mai Hughes, Lowri Bancroft, Mair James, Jonathan Hughes,
Rosanne Davies, Kim Thomas, Sian Elin Bancroft, Menna James.
Rhes Flaen o'r chwith: Dafydd Hughes (yn y teledu), Heledd Bancroft, Eirian Davies, Gail Thomas,
Paul Jenkins, Eleri Davies, Caroline Davies, Dewi Davies (yn pwyso ymlaen),
Jonathan Rickards, Judith Roberts, Michael Richards.

Float Carnifal Hendy-gwyn 1979. Gwledydd y Byd.
O'r chwith: Emyr Davies, Sian Elin Bancroft, Paul Jenkins, Dafydd Hughes, Mai Hughes, Stuart Harries, Jonathan
Hughes, Colin Harries, Huw Rees, Andrew Reed Jones, Mark James, Heledd Bancroft, Judith Roberts, Stephanie
Cleaver, Eirian Davies, Eleri Davies, Malcolm Roberts, Rosanne Davies.

Côr Meibion Hendy-gwyn tu allan i'r Tabernacl 1979.

~ 5 ~

CYFNOD Y PARCH TOM DEFIS B.D.
(1981-1993)

5.01 Galw y Parchg Tom Defis

Mr D.L. Stephens y diacon hynaf a ysgrifennodd anerchiad yn Adroddiad 1980 a mynegodd ei obaith y byddai gweinidog newydd yn ymgymryd a'r gwaith y flwyddyn ddilynnol. Gwireddwyd ei ddymuniad pan ordeiniwyd a sefydlwyd y Parchg Tom Defis, B.D. yn weinidog ar Tabernacl, Hendy-gwyn, Bethel, Llanddewi a Triniti, Llanboidy ar ddydd Mercher, 9 Medi 1981. Yn frodor o Talog ger Blaenycoed, Sir Gaerfyrddin graddiodd Mr Defis mewn Electroneg a bu'n gweithio i'r Bwrdd Trydan cyn penderfynnu mynd i Goleg Coffa Abertawe lle ennillodd radd B.D.

Daeth y Parchg Tom Defis i fyw i Derwydd, Gerddi'r Ffynnon erbyn 1982 a gwerthodd yr Eglwys y tŷ gweinidog, Glangronw, am £20,555.62.

Yn ei neges gyntaf i'r aelodau yn adroddiad 1981 croesawodd y gweinidog newydd y cyd-weithio rhwng yr eglwysi a oedd wedi arwain at gynnal cwrdd diolchgarwch a chwrdd plygain ar-y-cyd.

Ar ôl 15 mlynedd fel Ysgrifennydd yr Eglwys gofynnodd Mr G. Jenkins am gael ei ryddhau o'r gwaith ac fe gyflwynwyd tysdeb o £150 iddo fel gwerthfawrogiad o'i lafur di-flino dros y blynyddoedd. Cymerwyd ei le gan Mr John C. James, Ivy House.

Fel ei ragflaenydd roedd y Parchg Tom Defis yn rhoi pwyslais ar ymweld ag aelodau'r Eglwys ac fel newydd-ddyfodiad apeliodd ar yr aelodau i roi gwybod iddo am y rheiny mewn cyfyngder y dylai efe ymweld a hwy.

5.02 Caniadaeth y Cysegr o'r Tabernacl

Amlygiad o Eglwys weithgar oedd digwyddiadau mis Rhagfyr 1982. Dechrau'r mis darlledwyd oedfa safonol iawn o 'Caniadaeth y Cysegr' ar y radio o'r Tabernacl gyda chymorth Eglwysi'r cylch ynghyd a chôr meibion Hendy-gwyn. Arweiniwyd y canu gan Mr Danny Stephens gyda Mrs Eilir Blethyn wrth yr organ. Drwy recordio'r cyfan ar dâp cadwyd yr achlysur yn fyw i'w fwynhau i'r dyfodol.

5.03 Sioeau Cerdd

Nes ymlaen yn y mis cyflwynodd y plant a'r bobl ifanc sioe gerdd 'Y Geni' gyda cherddoriaeth fodern o waith Miss Meinir James a'r geiriau gan Mrs Margarette Hughes. Mawr fu'r clod am y perfformiad hwn a bu cyflwyniadau ychwanegol o'r gwaith y flwyddyn ganlynol yn Sanclêr, yng Nghaerfyrddin ac ar y rhaglen 'Bilidowcar' ar S4C.

Noswyl y Nadolig 1982 y gwragedd a'r bobl ifanc fu wrthi yn cyflwyno sioe gerdd arall 'Y Bugeiliaid a'r Doethion' dan arweiniad Mrs Eilir Blethyn gyda Mrs Pat Jones wrth yr organ. Unwaith eto gwnaed recordiad fideo o'r cynhyrchiad.

Ym 1983 collodd yr Eglwys ddau oedd yn flaenllaw ym myd y canu. Bu farw Mr D.L. Stephens arweinydd y gân ers 35 o flynyddoedd a oedd hefyd y diacon hynaf a symudodd Mrs Eilir Blethyn, organydd yn yr Eglwys ers 23 o flynyddoedd, a'i gŵr i Gaerfyrddin. Olynwyd Mr Stephens fel arweinydd y gân gan Miss Meinir James, Dyffryn Taf (Mrs Meinir Richards yn ddiweddarach). Ar nodyn cadarnhaol arall, flwyddyn yn ddiweddarach ymunodd dwy newydd a'r criw oedd 'wrth yr organ' sef Miss Eleri Davies a Miss Mair James. Llwyddiant arall ym 1983 oedd y cyd-weithio rhwng y Tabernacl, Bethel a Triniti wrth iddynt drefnu Eisteddfod Gŵyl Ddewi dan arweiniad Cymdeithas y Chwiorydd.

5.04 Cymorth Dyngarol i Bobl y Trydydd Byd

O'r 1980au ymlaen gwelwyd y byd datblygiedig yn ymateb i ddioddefaint pobl yn y trydydd byd – oedd yn dioddef o ganlyniad i drychinebau naturiol a rhai a grewyd gan ryfeloedd – mewn ffordd ddyngarol i geisio lleddfu ar y dioddefaint. Chwaraeodd eglwysi eu rhan drwy gyfrannu at y gwahanol apeliadau. Bu cyfraniadau Eglwys y Tabernacl yn rhai anrhydeddus ar hyd y blynyddoedd fel y gwelir o'r rhestr ganlynol:

> Ethiopia 1984, 1985, £351; Canolbarth America 1990, £180; Ethiopia 1991, £110; Guyana 1991, £100; Somalia 1992, £103; Madagascar a Samoa 1992, £100; Plant Soweto 1995, £25; Plant Amddifad Rwmania 1997, £60; Swdan 1998, £500; Bangladesh 1998, £120; Kosovo 1999, £500; Mozambigue 2000, £330; Salaam a Shalom 2004, £436; Pakistan 2005, £145; Romania 2009, £80; De Affrig 2009, £1,800; Haiti 2010, £230; Dwyrain Affrig 2011, £252; Haiti 2014, £1,315.40; Argyfwng y Ffoaduriaid 2015, £180.

Roedd y cymorth ariannol uchod yn ychwanegol i'r cymorth ariannol blynyddol a roddid i ysbytai Glangwili a Llwyn Helyg ac ar hyd yr amser cyfrannwyd yn flynyddol at ryw fudiad neu ddau arall megis, Tenovus, Ymchwil Arennau Cymru, Tearfund, British Heart

Foundation, Cymorth Cristnogol, Pryd ar Glud yn yr Hen-Dy-Gwyn ac i'r gronfa a sefydlwyd i gynorthwyo trigolion Hen-Dy-Gwyn a effeithiwyd gan lifogydd 1986.

Ym 1983 ar ôl gweithredu fel Ysgrifennydd Cymdeithas y Chwiorydd am 8 mlynedd rhoddodd Mrs Olwydd James y gwaith i fynny ac fe gymerodd Miss Meryl James at y swydd.

5.05 Apel am Bresenoldeb, am Wirfoddolwyr ac am Gyfraniadau

Yn adroddiad 1984 apeliodd y gweinidog am fwy o bresenoldeb yn y cyrddau ar y Sul ac am ragor o wirfoddolwyr i gadw mynwent Soar yn gymen. Tynnodd sylw at y ffaith bod angen gwaith cynnal ar y capel a'r festri ac nad oedd y sefyllfa ariannol yn foddhaol gan mai dim ond drwy dynnu arian o'r gronfa-wrth-gefn y medrodd y trysorydd gadw'r ddysgl yn wastad. Ymatebodd nifer o'r aelodau i apêl y gweinidog drwy fynd ati i baentio'r capel yn wirfoddol. Agorwyd cronfa arbennig i dalu am y paent.

Ond rhoddwyd y broblem ariannol mewn persbectif ym 1985 oherwydd bu hon yn flwyddyn drist dros ben i'r Eglwys ac yn arbennig felly i'r Parchg a Mrs Tom Defis oherwydd bu iddynt golli drwy farwolaeth eu merch fach Caryl Mai. Derbyniodd y Parchg Tom Defis ergyd arall pan fu fraw ei frawd yn yr un flwyddyn. Yn ei anerchiad blynyddol diolchodd y gweinidog am roddion yr aelodau i Uned Gofal Arbennig i Blant, Ysbyty Glangwili ac am rodd Cymdeithas y Chwiorydd i Uned Gofal Arbennig y Galon, Ysbyty'r Heath, Caerdydd.

Erbyn 1987 roedd apêl y gweinidog am wirfoddolwyr ac am arian i wneud gwaith cynnal a chadw wedi dwyn ffrwyth a medrai adrodd bod gwelliannau wedi eu gwneud i fynwent Soar ac i gapel y Tabernacl oedd yn cynnwys adeiladu llwyfan a gwneud lle i biano er hwyluso perfformio o bob math. Roedd y gweinidog ei hunan wedi torchi llewys gyda'r gwirfoddolwyr eraill i ddwyn y gwaith i ben. Erbyn 1989 roedd y dasg o ail-doi'r festri a gwelliannau eraill i'r adeilad wedi eu cwblhau a'r cyn-weinidog y Parchg Huw Francis, yng nghwmni Mrs Francis ac Ann, wedi ail-agor yr adeilad, ddiwrnod cyn ei benblwydd yn 80. Cyn diwedd y flwyddyn roedd yr angen am biano yn y capel wedi ei ddiwallu drwy haelioni Cyril a Myra Evans a Trefor a wnaethant gyflwyno piano yn rhodd i'r Eglwys. Roedd yr holl weithgarwch hyn yn y Tabernacl yn argoeli'n dda am y dyfodol.

5.06 Crefydd ar Drai

Ar yr un pryd ni ellid dianc oddiwrth yr arwyddion drwy'r wlad bod crefydd ar fwy o drai nag erioed. Lleihau oedd aelodaeth capeli yn gyffredinol ac nid oedd y Tabernacl yn wahanol. Dros y ddegawd 1980 i 1990 lleihaodd aelodaeth y Tabernacl o 80 sef cwymp o 28%. Ac mae'n debyg y byddai canran uwch wedi peidio a mynychu'r oedfaon. Ym 1987 wrth wneud apêl arall am fwy o bresenoldeb yn y cyrddau, dadansoddodd y gweinidog y sefyllfa fel a ganlyn. Roedd tua hanner yr aelodaeth wedi mynychu oedfa yn ystod y flwyddyn. Roedd un o bob pump o'r aelodau naill ai allan o'r ardal neu yn anhwylus ac yn methu dod i'r capel. Gadawai hyn tua un o bob tri o'r aelodau y gellid disgwyl eu gweld yn yr oedfaon ond nad oedd yn dewis bod yno.

Arwydd arall, efallai, bod 'pethau capel' ddim yn uchel ym meddyliau pobl oedd amlder apeliadau'r gweinidog am i'r bobl hynny oedd yn ymwybodol o aelodau mewn profedigaeth neu afiechyd roi gwybod iddo ef neu i'r diaconiaid. 'Dylai pob aelod deimlo'r consern a'r cyfrifoldeb i wneud hyn.'

Bu llawer o weithgarwch gan aelodau, ieuenctid a phlant y Tabernacl ym 1988 i ddathlu pedair canrif ers cyfieithu'r Beibl i'r Gymraeg gan yr Esgob William Morgan. Yr uchafbwynt mae'n debyg oedd y bererindod i'r Tŷ Mawr, Wybrnant ger Betws y Coed lle y ganwyd William Morgan.

Dechrau'r flwyddyn 1989 ymunodd Eglwysi'r Tabernacl, Bethel a Triniti i gynnal oedfa a ddarlledwyd o'r Tabernacl. Ail-ddarlledwyd yr oedfa ddechrau mis Awst.

5.07 Tywydd Stormus a Phrinder Pregethwyr

Yn ystod wythnos olaf Ionawr 1990 cafwyd storom ofnadwy – y gwaethaf ers hanner can mlynedd – gyda gwyntoedd yn cyrraedd cyflymder o dros 100 milltir yr awr (108 milltir yr awr yn Aberporth). Achoswyd difrod difrifol i adeiladau dros y wlad ac ymysg y rhain yr oedd to capel y Tabernacl ynghyd a'r toiledau. Cyfranodd Cymdeithas y Chwiorydd £319 tuag at y gost o atgyweirio.

Erbyn diwedd y 1980au a dechrau'r 1990au roedd prinder pregethwyr yn peri problemau i'r ysgrifennydd gohebol, Mr John James. Dyffryn Taf ond fe lwyddodd yn arbennig o dda i gadw trefn y Suliau.

5.08 Y Plant yn Cynnig Gobaith

Ar yr un pryd roedd nodyn gobeithiol o gyfeiriad y plant a'r Ysgol Sul. Yn ôl anerchiad y gweinidog yn adroddiad blynyddol 1990 'Cafwyd nifer o oedfaon bendithiol o dan arweiniad y plant adeg y Cwrdd Blynyddol, Cwrdd Diolchgarwch a'r Nadolig, yn y Gymanfa Bwnc a'r Gymanfa Ganu. Yn ychwanegol daeth plant o'r ysgolion lleol i gynnal Cymanfa Ganu yn y Tabernacl dan nawdd Urdd Gobaith Cymru gyda Mrs Meinir Richards yn arwain.

Gwobrwywyd plant ysgol Sul y Tabernacl gyda'u trip blynyddol arferol ynghyd a barbeciw a stondinau a gynhaliwyd yn un o gaeau fferm y Regwm ger Soar. Defnyddiwyd elw ariannol y noson i ddarparu ford isel a seddau bychan yn y festri ar gyfer dosbarth y plant lleiaf. 'Y mae'n hanfodol ein bod yn sicrhau lle amlwg i'r plant yng ngweithgarwch yr Eglwys....' oedd sylw'r gweinidog. Blwyddyn arbennig o hapus yn bersonol oedd 1990 i'r Parchg a Mrs Tom Defis gan iddynt gael y pleser o groesawu Luned Manon i'r byd.

5.09 Gwerthu Tai Soar. Dathlu Sefydlu Cymdeithas y Chwiorydd

Dyma'r amser y penderfynwyd gwerthu tai Soar a gwnaed hynny ym 1991 ynghyd a pheth tir am £13,500. Amcangyfrifwyd bod digon o dir ar ôl i dros 350 o feddau ac o gario ymlaen i gladdu ar y raddfa y gwnaed hynny dros yr 20 mlynedd flaenorol, byddai digon o le ar gael am 250 o flynyddoedd.

Datblygiad diddorol ym 1991 oedd newid enw 'Cymdeithas y Chwiorydd' i 'Y Gymdeithas Ddiwylliannol' ac felly ganiatau i ddynion ymaelodi. Dwy flynedd yn ddiweddarach dathlwyd 40 mlynedd ers sefydlu Cymdeithas y Chwiorydd (Y Gymdeithas Ddiwylliannol erbyn hyn) gan Mrs Elsie Francis ym 1953. Cynhaliwyd cyngerdd dathlu gyda Mrs Francis yn lywydd a gwnaed elw o £400 a drosglwyddwyd i Ymchwil Cancr Tenovus.

5.10 Eglwysi'r Dref yn Cydweithio

Erbyn hyn roedd y berthynas gydag eglwysi Cymraeg y dref yn datblygu'n bellach drwy gydweithio diwylliannol ynghyd a chynnal oedfaon ar y cyd. Ac roedd y cymanfaoedd Canu a'r Pwnc yn para i fod yn gyd-weithredu rhwng eglwysi fel ac yr oedd gweithgarwch Capeli Bro Hywel Dda, yr Ŵyl Rhinwedd a Moes a gwasan-aethau dwy-ieithog adeg wythnos Hendy-gwyn a'r cwrdd carolau Cymorth Cristnogol cyn y Nadolig.

Er y datblygiadau gobeithiol hyn roedd yn 'Dristwch mawr' i'r gweinidog 'bod nifer o aelodau ddim yn teimlo awydd i addoli Duw....' Ac aeth ymlaen yn yr Adroddiad Blynyddol i apelio 'ar aelodau i ystyried ymuno'n fwy brwd yn yr addoliad ac yng ngweithgareddau y Tabernacl a'r Eglwys yn gyffredinol.'

Roedd nodyn gobeithiol yn neges y gweinidog am 1992 gan ei fod yn medru cyhoeddi bod 16 o aelodau newydd wedi eu derbyn i'r Eglwys ac fe'u sicrhaodd bod croeso mawr iddynt. Yn yr un flwyddyn penderfynodd Mr W.R. (Ronnie) James, Crud-yr-Awel, oherwydd afiechyd, ddirwyn i ben ei wasanaeth hirfaeth a neilltuol drylwyr fel Ysgrifenydd Ariannol yr Eglwys am 24 mlynedd. Dewiswyd Mr Ron John, Clematis yn ei le. Yn yr un modd Mr Phillip Thomas, oedd wedi gofalu am wresogydd y capel am flynyddoedd gan roi gwasanaeth a chynnal y boiler ar hyd yr amser. Olynwyd ef gan Mr Gerwyn Williams. Ail-ymunodd Mrs Eilir Blethyn a'r tim oedd 'wrth yr organ' ar ôl iddi hi a'i gŵr symud yn ôl i'r Hendy-gwyn o Gaerfyrddin ac wrth i Mrs Helen Thomas ymuno hefyd sicrhawyd bod 6 ar restr organyddion y capel.

5.11 Chwaraeon i'r Plant

Erbyn 1993 roedd plant yr Ysgol Sul yn cymeryd rhan mewn cystadleuthau pel droed a drefnwyd gan Gyngor yr Ysgolion Sul. Ymgais oedd hyn gan y Cyngor i ddangos mai nid rhywbeth i'w gyfyngu i ddarllen y Beibl ar ddydd Sul yw y grefydd Gristnogol ond yn hytrach rhywbeth ddylai ymwneud a'n holl weithgareddau.

5.12 Y Parchg Tom Defis B.D. yn Gadael

Bedyddiwyd y flwyddyn 1993 gan y Parchg Tom Defis yn 'flwyddyn o newidiadau.' Un newid oedd ethol 6 diacon oedd, am y tro cyntaf, yn cynnwys merch sef, Miss Meryl James, Dyffryn Taf. Newid arall oedd y golled drwy farwolaeth o bedwar diacon sef, Mr W.R. James, Mr Tom Rosser, Mr Clodwyn Phillips a Mr Phillip Thomas. Ac yna daeth y newydd am newid gweinidog. Penderfynodd y Parchg Tom Defis i adael yr ofalaeth ar ôl 12 mlynedd fel gweinidog y Tabernacl i gymeryd swydd gyda'r sefydliad Cymorth Cristnogol.

Cynhaliwyd noson ffarwelio ym mis Rhagfyr 1993 pryd y cyflwynwyd tysteb ariannol i'r Parchg Tom Defis ac yn Adroddiad Blynyddol 1994 talwyd teyrnged iddo gan Ysgrifennydd Gohebol yr Eglwys, Mr John C. James: 'Hoffwn ddatgan ein gwerthfawrogiad iddo am ei lafur diflino yn ystod y cyfnod y bu'n weinidog yma, a dymuno'n dda iddo yn ei faes newydd.'

Ym 1994 gwnaed gwaith cynnal a chadw gwerth £3,026.92 ar y capel a'r festri.

5.13 Diwedd yr Hufenfa

Blwyddyn ddiflas iawn i'r Hendy-gwyn a'r ardal oedd 1994 oherwydd ym mis Hydref cyhoeddodd Cwmni Llaeth Dairy Crest bod hufenfa Hendy-gwyn i gau gyda cholled o 156 o swyddi. Gorfu llawer o bobl adael yr ardal i chwilio am waith ond nid oes argoel bod aelodau o'r Tabernacl yn eu plith.

Daeth y diwedd i fythynod Soar hefyd pan benderfynwyd eu tynnu lawr oherwydd eu cyflwr truenus a gwnaeth y gwaith yn 1996. Tacluswyd y fynedfa i'r fynwent gerllaw a chodi dwy iet newydd yno.

Eglwysi Annibynnol
Tabernacl, Bethel a Trinity, Llanboidy

: : : : : : : :

Cynhelir

Cyfarfodydd

Ordeinio a Sefydlu

Mr TOM T. DEFIS, B.D.

BLAENYCOED A CHOLEG COFFA ABERTAWE

yn weinidog ar yr Eglwysi uchod

DYDD MERCHER, 9 MEDI, 1981

yn EGLWYS Y TABERNACL, HEN-DY-GWYN

: : : : : : : :

Arweinydd y Gân : Mr D. L. STEPHENS, M.B.E.

Organyddes : Mrs E. BLETHYN

: : : : : : : :

Estynnir i chwi wahoddiad cynnes.

Darperir lluniaeth.

: : : : : : : :

Dros yr Eglwysi :

Mrs Norah Heseltine   Mr Emlyn Griffiths
         Mr Grismond Jenkins

EGLWYSI ANNIBYNNOL

TABERNACL, BETHEL a TRINITY, LLANBOIDY

EMYNAU

i'w canu

yng

NGHYFARFODYDD

ORDEINIO a SEFYDLU

Mr TOM T. DEFIS, B.D.

DYDD MERCHER, 9 MEDI, 1981

yn EGLWYS Y TABERNACL, HEN-DY GWYN

Cartref Y Parchg Tom Defis yn Gerddi'r Ffynnon, Hendygwyn.

128

Drama Gerdd 'Y Geni' gan Meinir Richards a Margarette Hughes (1984).

Rhes Gefn: Grŵp Pop o Ysgol Bro Myrddin. O'r chwith: Daniel Jenkins Jones, Huw Roberts, Jonathan Hughes, Gruffydd Davies.
Ail res o'r chwith: Tanya Davies, Kim Thomas, Huw Rees, Malcolm Roberts, Emyr Davies, Huw Williams, Jonathan Rickards, Ruth Davies, Heledd Bancroft, Sian Elin Bancroft, Lowri Bancroft, Jane Lewis. Milwyr: Emyr Davies, Menna James, Paul Jenkins.
Trydydd rhes o'r chwith: Meinir Richards, Tom Defis, Geraint Davies.
Pedwerydd rhes o'r chwith: Nia Davies, Dafydd Hughes, Gail Thomas, Eirian Davies, Judith Davies, Mair James, Janet Howells., Julie Phillips.
Pumed rhes o'r chwith: Yvonne Makepeace, Jayne Heseltine, Ann Williams, Lisa Davies, Eleri Davies, J
Mai Hughes, Mark James, Judith Roberts.
Rhes flaen o'r chwith: Michelle Gibbon, Rhian Rees, Heledd Haf Dafis, Sarah Phillips, Mari Puw, Lyn Davies, Bethan Durrell.

Y Parchg Huw Francis yn 80.
O'r chwith: Anona Defis, Elsie Francis, Y Parchg Huw Francis, Ann Francis, Heledd Defis, Y Parchg Tom Defis.

Adnewyddu Mynwent Soar.
O'r chwith: Ron John, Howie Roberts, Dewi James, Dewi Davies.

130

Adnewyddu Mynwent Soar. Dewi James ar y tractor tua 1985.

Mynwent Soar ar ôl ei hadnewyddu yng nghanol yr 1980au.

Gwragedd Y Gymdeithas yn dathlu Gŵyl Ddewi.
O'r chwith: Palmair Phillips, Linda Thomas, Nesta Lewis, Hanna Roderick, Rose Vaughan,
Josie Thomas, Eilir Blethyn.

Parti Ysgol Sul diwedd yr 1980au.
O'r chwith: Rhian Rodgers, Manon Defis, Sarah John.

Pasiant Nadolig canol yr 1980au.

Trip Ysgol Sul y Tabernacl 1984.
O'r chwith: Gwyneth Davies, Parchg Tom Defis, Heledd Defis, Haulwen Roberts,
Margarette Hughes, George Bancroft, Sheila Bancroft, Cerrys Rees.

Yr Ysgol Sul yn codi arian at achos da ar ddiwedd yr 1880au.
Y cefn o'r chwith: Anona Defis, Heledd Defis, Nan Roderick, Bronwen Adams Lewis,
Margarette Hughes, Joan Watts.
Rhes flaen o'r chwith: Ronnie James, Linda Davies, Lucy Walters, Parchg Tom Defis,
Eileen Williams, Nellie Collins, -------?, Meinir James, Enid Harries, Meryl James,
John James, Mel Jenkins.

Dosbarth Ysgol Sul plant ac oedolion tua diwedd yr 80au.
Rhes gefn o'r chwith: Mel Jenkins, John James, Parchg Tom Defis, Ronnie James, Gwynedd Jones.
Ail res o'r chwith: Meryl James, Ann Richards, Hafwen Griffiths, Glenda Jones, Nan Roderick, Mair
James, Menna James, Anona Defis, Menna Lewis, Rose Rickards.
Trydedd res o'r chwith: Eileen Williams, Linda Davies, Nellie Collins, Enid Harries.
Pedwerydd res o'r chwith: Judith Roberts, Lowri Bancroft, Eirian Davies, Malcolm Roberts,
Jonathan Rickards, Huw Rees, Marc James.
Blaen o'r chwith: Bethan Jones, Rhian Rees, Lyn Davies, Lisa Davies, Mari Pugh,
Claire Rickards, Eleri Jones, Heledd Defis, Dafydd Lewis, Dafydd Pugh.

Eisteddfod y Tabernacl yn yr 1980au. Cadeirio Rhys Adams.
O'r chwith: June Jenkins, Mel Jenkins, Glenys Davies, Hywel Phillips, Eileen Williams, Cerrys Rees.

Trip yr Ysgol Sul 1987.
Gyda'r Parchg Tom Defis mae: Rhes ôl o'r chwith: ------?, Dafydd Pugh.
Rhes flaen o'r chwith: Gareth Glanville, Mathew James, Dafydd Lewis.

Parti Nadolig yr Ysgol Sul dechrau'r 1990au.
O'r chwith: Gareth Glanville, Geraint Thomas, Dafydd Pugh, Dafydd Lewis a Heledd Defis ar y dde.

Parti Nadolig 1990.

Parchg Tom Defis ar achlysur bedyddio Rhydian Phillips 1993.

Parti Nadolig yr Ysgol Sul yn y 90au.
O'r chwith: Susan Phillips, Rhydian Phillips, Rhodri Phillips, Ruth Phillips, Rachel Phillips, Caryl Jones.

Paentio y Capel ym 1994.
O'r chwith: Gerwyn Williams, Hywel Phillips, Ron John, Meurig Davies.

~ 6 ~

CYFNOD Y PARCH LLEWELYN P. JONES B.Sc., M.Ed. (1995-1999)

6.01 Ymdrech Deg y Gweinidog Newydd

Yn adroddiad 1994 estynnodd Mr James, Ysgrifennydd yr Eglwys, groeso i'r gweinidog newydd, y Parchg Llewelyn Picton Jones, oedd i'w ordeinio a'i sefydlu ddechrau y flwyddyn ganlynol 1995.

Yn adroddiadau blynyddol 1995 a 1996 ceir awgrym o gynnydd yng ngweithgareddau'r Eglwys, yn enwedig yn achos y plant a'r ieuenctid a'u hymwneud a'r cymanfaoedd a chyrddau plant a ieuenctid. Sefydlwyd Clwb Ieuenctid lle roedd pel-droed, criced a dartiau yn boblogaidd. Mwynhawyd barbeciw arall ynghyd a'r wibdaith flynyddol i Ddinbych-y-Pysgod.

Ar gyfer yr oedolion sefydlwyd Dosbarth Beiblaidd/Cwrdd Gweddi oedd yn cyfarfod ddwywaith y mis. Bu cynnydd yn y nifer a fynychai'r oedfaon, yn enwedig y cyrddau cymundeb. Cymerodd gwraig y gweinidog, Mrs Marie Lynne Jones, at y swydd Arolygydd yr Ysgol Sul a dechreuwyd dosbarth Ysgol Sul i'r oedolion.

Ond erbyn 1997, er bod tipyn o lewyrch yn parhau yng ngweithgareddau'r plant a'r ieuenctid, siomedig oedd y gefnogaeth i'r Gymanfa Ganu, i ddosbarth Ysgol Sul yr oedolion ac i'r Dosbarth Beiblaidd/Cwrdd Gweddi. Mynegodd y Parchg Picton Jones ei siomedigaeth: 'Bellach mae'n amlwg i bawb ein bod yn byw mewn dyddiau o gefnu a difaterwch yn hanes yr Eglwys…. Y mae'r argyfwng yn her i ni ac yn gofyn am ein gweddiau di-baid a'n hymroddiad di-sigl…. Gweddiwn am adfywiad ysbrydol yn ein plith a fydd yn arwain at ddyhead i fynychu'r oedfaon yn gyson.'

Ar ddydd Gwener y Groglith 1998 cafwyd menter newydd yn yr Hendy-gwyn pan drefnodd Eglwys y Tabernacl ar-y-cyd gydag Eglwys y Santes Fair orymdaith lle cariwyd Croes o amgylch y dref.

Ym 1997 ymunodd Mrs Sheila Bancroft a thîm yr organyddion ond ymddeol o'u swyddi ym 1998 wnaeth Mr Ron John yr Ysgrifennydd Ariannol a Mrs Nan Roderick Trysorydd Y Gymdeithas Ddiwylliannol (Cymdeithas y Chwiorydd gynt) oedd wedi dal y swydd am 38 o flynyddoedd. Cymerwyd eu lle gan Miss Elizabeth

White fel Ysgrifennydd Ariannol yr Eglwys a Mr Cyril Evans fel Trysorydd Y Gymdeithas Ddiwylliannol. Yn yr un flwyddyn cyflwynodd Mrs Eilir Blethyn rodd hael o organ at wasanath y Festri.

Roedd cyn-weinidog y Tabernacl, y Parchg J. Huw Francis, wedi marw ar 24 Ionawr 1995 a gwasanaeth o ddiolch am ei fywyd wedi cymeryd lle yn y Tabernacl bedwar niwrnod yn ddiweddarach cyn claddu'r corff ym mynwent Soar. Ym 1997 dadorchuddiwyd cofeb i'r Parchg J. Huw Francis yng nghapel y Tabernacl gan ei weddw Mrs Elsie Francis a'i ferch Ann.

6.02 Yr Oedfa Olaf yn Soar (1998)

Fel yr adroddodd y gweinidog daeth cyfnod i ben ar ddydd Sul, 5 Ebrill 1998 gyda'r Oedfa Sul y Blodau olaf i'w chynnal yng nghapel Soar. Oherwydd cyflwr bregus yr adeilad a'r gost o'i gynnal penderfynwyd galw Cwrdd Eglwys i drafod dyfodol Capel Soar.

6.03 Y Gweinidog am Symud

Prif neges y gweinidog yn Adroddiad Blynyddol 1998 oedd cyhoeddi ei benderfyniad i adael Eglwys y Tabernacl a'r ofalaeth ym mis Mawrth 1999 er mwyn derbyn galwad i fugeilio Eglwys Bethesda, Llangennech. Felly daeth i ben weinidogaeth y Parchg Llewelyn Picton Jones yn y Tabernacl. Yn ystod pedair mlynedd ei weinidogaeth yr oedd ef a'i briod Mrs Marie Lynne Jones wedi ymdrechu i hyrwyddo ac ehangu gweithgarwch yr Eglwys ac wedi llwyddo i gynnal diddordeb y plant a'r bobl ifanc. Talwyd teyrnged i'r Parchg Llewelyn Picton Jones am ei lafur diflino gan Ysgrifennydd Gohebol y Tabernacl, Mr John C. James, yn Adoroddiad 1999 lle nodwyd bod tysteb sylweddol wedi ei chyflwyno iddo. Yn y cwrdd ffarwelio darllenwyd 'penillion cyfarch' i'r gweinidog a'i wraig, o waith Mrs Rhoswen Llewellyn, Cwmfelin Mynach a cheir blas o'r cynnwys yn y canlynnol.

Yn enedigol o Glydach bu Llewelyn Picton Jones yn athro ysgol cyn derbyn swydd darlithydd yng Ngholeg y Drindod, Caerfyrddin…

> 'Ac yna daeth galwad saith mlynedd yn ôl –
> Fe glywodd lais Iesu yn galw i'w gôl.
>
> Atebodd yr alwad yn ufudd i'r cais
> Aeth i'r Weinidogaeth ar alwad y llais.'

Ar ôl cyfnod o baratoi…

'Dechreuodd ar bennod – un newydd a glân
Ym mro Hendy-gwyn – yn llawen ei gân.'

'Ond [os] byr fu y bennod, bu'n ddisglair ei hynt,
Pedair blynedd hedfanodd ar adain y gwynt.

Yn ŵr cydwybodol, yn fugail mor dda,
Yn carco ei ddefaid boed aeaf neu ha'.

Un gwych gyda'r plantos, diddorol a glew,
Storiau mor hyfryd, un difyr oedd Llew.

Arweinydd i'r ie'nctid, cricedwr o fri,
Gan roddi ei amser i'w tywys yn ffri.

Ond daeth galwad sydyn o Langennech draw –
Ac heno fel gwyddoch mae'n rhaid ysgwyd llaw.

A dweud wrth Llew Picton, yn uchel ein llef
Boed llwybrau eich bywyd dan fendith y Nef.

Boed i chi eich dau gael iechyd wrth fyw
A nerth i was'naethu yr Arglwydd, eich Duw.'

Bu rhai newidiadau yn rhestr enwau y rhai oedd 'wrth yr organ' yn niwedd y 1990au. Ar ôl iddi symud i fyw i Ruthin ymadawodd Mrs Mair Jones drwy lythyr yn 1999 gan ddirwyn i ben 15 mlynedd o wasanaeth fel organydd yn y Tabernacl. Y flwyddyn ganlynol ymunodd Mrs Heather Jenkins, Penfro fel organydd gan adfer aelodaeth y tîm i saith.

Eglwysi Annibynnol
Tabernacl, Hendy-gwyn;
Bethel, Llanddewi Efelfre;
Triniti, Llanboidy

Cynhelir

CYFARFODYDD
ORDEINIO A SEFYDLU

Llewelyn Picton Jones, B.Sc., M.Ed.

Hebron, Clydach a Choleg yr Annibynwyr Cymraeg
(Y Gopa / Pentrebach, Pontarddulais)

yn Weinidog i Iesu Grist ar yr Eglwysi uchod

DYDD SADWRN, IONAWR 14eg, 1995

yng Nghapel

Y TABERNACL, HENDY-GWYN

Y Cyfarfod Ordeinio am 2 o'r gloch
Oedfa'r Hwyr am 6.30 o'r gloch

Organyddion:
Mrs. Meinir Richards a Mrs. Eilyr Blethyn

Estynnir croeso cynnes i bawb
Darperir lluniaeth

Ar ran yr Eglwysi:
Mr. John C. James, Dyffryn Taf, Hendy-gwyn. (0994) 240272 / 240350
Miss Pamela Lewis, Awelfa, Llanddewi Efelfre, Arberth. (0834) 860219
Mrs. Norah Heseltine, Spencer House, Llanboidy, Hendy-gwyn. (0994) 448241

Y Parchg Llewelyn Picton Jones yn y pulpud.

Soar a Bythynnod Soar ym 1995

Dymchwel Bythynnod Soar 1995

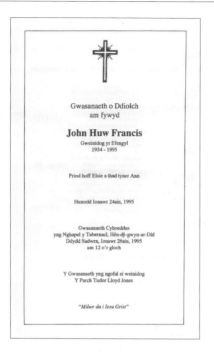

Dadorchuddio cofeb i'r Parchg J. Huw Francis ym 1997.
O'r chwith: Mrs Marie Lynne Jones, Parchg Llewelyn Picton Jones, Mrs Elsie Francis, Miss Ann Francis.

Capel Soar a Bythynnod Ietgoch ym 1998. Mae olion dau fwthyn Soar
a ddymchwelwyd ym 1995 i'w gweld ger y capel.

Dathlu Gŵyl Ddewi diwedd y 1990au.
O'r chwith: Cyril Evans, Mathew James, Trefor Evans, Dewi James.

145

Y Parchg Picton Jones yn bedyddio Lowri Jenkins ym 1997.

Y Parchg Tom Defis yn derbyn siec at waith Cymorth Cristnogol wrth Marie Lynne Jones diwedd y 1990au.

Nigel Davies (MIC) yn annerch y plant a'r ieuenctid ar ddiwedd y 1990au.

Y Gweinidog a'r Diaconiaid ar ganol y 1990au.
O'r chwith: Meurig Davies, Dewi James, Ron John, John James, Grismond Jenkins, Y Parchg Llewelyn Picton Jones, Cyril Evans, Meryl James, Mel Jenkins, Morgan Lewis, Gerwyn Williams.

Cwis Ysgolion Sul ar ddiwedd y 1990au.
O'r chwith: Hawys Freeman, Sarah John, Holly Kirk a Sioned Evans.

Tim pêl-droed yn y 1990au.
Y Parchg Picton Jones gyda o'r chwith: Daniel Thomas, Mark Davies, Gareth Glanville,
Gareth Davies, Edward Cole.

Penwythnos Penygroes gyda Cyngor Ysgolion Sul.
O'r chwith yn ôl y cloc: Sara Cole, Gareth Glanville, Llewelyn Evans, Ryan Evans, Edward Cole a Helen Brown.

Cwis Ysgolion Sul ar ddiwedd y 1990au.
O'r chwith: Christopher Davies, Bethan Thomas, Edward John, Dafydd Glanville.

Derbyn Aelodau 1998.
O'r chwith: Parchg Llewelyn P Jones, Naomi Phillips, Claire Rickards, Mari Pugh, Dafydd Lewis, Dafydd Pugh.

Dathliad Gŵyl Ddewi 1999.
O'r chwith: George Bancroft, John James, Gerwyn Williams.

John James, Ysgrifennydd y Tabernacl, yn cyflwyno rhodd i'r Parchg Llewelyn Picton Jones
pan oedd y gweinidog yn ymadael ym 1999.

CYFNOD HEB WEINIDOG
(1999-2002)

7.01 Ail Godi'r Clwb Ieuenctid ond Dymchwel Soar

Aeth tair mlynedd heibio cyn dyfodiad y gweinidog nesaf. Yn y cyfamser cymerodd Miss Meryl James y swydd o Ysgrifennydd Gohebol yn y flwyddyn 2000 yn dilyn ymddeoliad Mr John C. James ac etholwyd Miss Elizabeth White yn ddiacon yn yr un flwyddyn. Yn 2001 ail-gychwynnwyd y Clwb Ieuenctid pryd cafwyd cymorth Mrs Jean Lewis, Trefnydd Ieuenctid Eglwysi Cydenwadol yr ardal. Roedd Ysgol Sul y plant yn llewyrchus diolch i ymroddiad nifer o bobl yn cynnwys Ysgrifennydd yr Eglwys Miss Meryl James. Felly hefyd y Gymdeithas Ddiwylliannol dan lywyddiaeth Mrs Eileen Williams. Yn ychwanegol at drefnu cyflwyniadau gan wahanol wahoddedigion, parhaodd y Gymdeithas i godi arian drwy, er enghraifft, gynnal cyngherddau ac felly roedd yn ffynhonnell bwysig o gyllid o fewn yr Eglwys. Er enghraifft, yn y flwyddyn 2000 trosglwyddodd y Gymdeithas swm o £700 i Gyfrif y Festri ar amser rhoi ffenestri newydd yn yr adeilad yn costio £750. Eto yn 2001 y Clwb Ieuenctid elwodd o dderbyn £150 i'w goffrau heb anghofio mudiad Cymorth Cristnogol dderbyniodd £300 oddiwrth y Gymdeithas.

Erbyn 2001 roedd yr Eglwys wedi cael caniatad Comisiwn yr Elusennau i ddymchwel capel Soar a dyna a wnaed gan gontractwr, Lloyd Bowen o Drelech, ym mis Gorffennaf 2001. Tacluswyd y lle drwy adeiladu wal a rhoi iete hardd yn y fynedfa.

Trip yr Ofalaeth – Pantycelyn yn y 1990au.
Rhes ôl o'r chwith: Myrddin Parry, Ann Lewis, Merle Evans, Elizabeth White, Ann Richards,
Mary James, Emily Davies, Haulwen Thomas, Eileen Williams, Dewi James, Nancy Eynon,
Anita Thomas, Eira Parry, Eddie Evans, Cyril Evans, Eric Howells.
Rhes flaen o'r chwith: Menna Parry, Mag James, Lett Morse, Norah Heseltine, Cynthia Evans,
Sheila Bancroft, Pam James, Haulwen Davies.

Oedfa Nadolig 2000.
Rhes ôl o'r chwith: Rhodri Phillips, Jonathan Thomas, Holly Kirk, Sarah John,
Edward John, Blethyn Thomas, Sioned Evans.
Rhes flaen o'r chwith: Alys John, Nerys Lewis, Dafydd Jenkins, Steffan James,
Catrin Thomas, Zoe Setaro, Sioned Thomas, Ffion Lewis, Lowri Jenkins, Mari Kirk,
Sion Freeman, Daniel James, Rhydian Phillips.

Ysgol Sul y flwyddyn 2000 – cyflwyno Beiblau i blant yr Ysgol Sul ar ran yr Eglwys.

Oedfa Plant a Ieuenctid dechrau 2000au.

Oedfa Nadolig y plant a'r ieuenctid tua 2001.

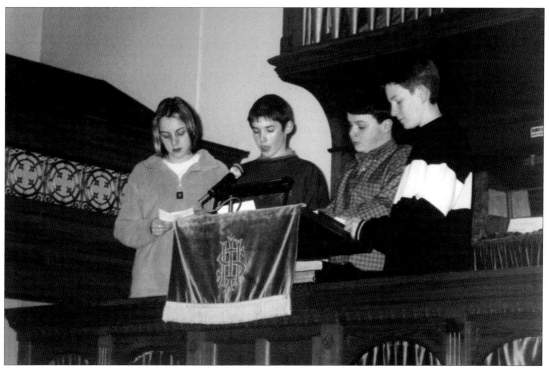

Oedfa Ieuenctid tua 2002.
O'r chwith: Helen Brown, Edward Cole, Ryan Evans, Gareth Glanville.

Capel Soar ychydig cyn ei ddymchwel ym mis Gorffennaf 2001.

Y Pulpud. Capel Soar ychydig cyn ei ddymchwel ym mis Gorffennaf 2001.

Y Galeri. Capel Soar ychydig cyn ei ddymchwel ym mis Gorffennaf 2001.

Dyma'r fan lle roedd Soar yn arfer bod.
O'r chwith: Hywel Phillips, Meurig Davies, Tom Gibbon, Gerwyn Williams a Lloyd Bowen yn y JCB (2001).

Dymchwel Soar, Gorffennaf 2001. Contractwr: Mr Lloyd Bowen, Trelech.

Iete a mynedfa newydd i fynwent Soar.
(llun Ryland James, Rhagfyr 2003)

~ 8 ~

CYFNOD Y PARCH JILL-HAILEY HARRIES
(2002-2011)

8.01 Ysgol Sul yn Denu

Yn 2002 croesawyd chweched gweinidog yr Eglwys ym mherson y Parchg Jill-Hayley Harries a oedd wedi mwynhau deng mlynedd yn gwasanaethu Eglwysi annibynnol yn Llanymddyfri a'r cylch. Yn ôl ei thystiolaeth hi ei hunan 'nid ar chwarae bach' y bu iddi benderfynu derbyn yr alwad yn enwedig gan ei bod yn dod yn ôl i fugeilio gofalaeth a oedd yn agos iawn i fro ei mebyd yn Llandysilio. Yn ei hanerchiad cyntaf yn Adroddiad Blynyddol 2002 datgelodd mai llewyrch yr Ysgol Sul yn y Tabernacl oedd un o'r prif resymau iddi dderbyn yr alwad ac roedd yn dda ganddi weld cynifer o blant yn mynychu'r Ysgol Sul a hefyd roedd brwdfrydedd yr ieuenctid yn y clwb ar nos Iau ac yn y Capel ar noswyl y Nadolig yn codi ei chalon. Boddhaol oedd ei dedfryd ar faint y gynulleidfa ar y Sul – roedd lle i wella.

8.02 Beth yw llwyddiant?

Yn ei hail Adroddiad Blynyddol yn 2003 amlinellodd y Parchg Jill-Hayley Harries ei syniadau o beth yw Eglwys sydd yn llwyddo. Yn y lle cyntaf byddai cyd-addoli cyson yn digwydd 'ac wrth ddod i oedfa ar y Sul a chael cymdeithas wedi oedfa dyna pryd mae eglwys yn tyfu fel teulu'. Yn ail byddai 'awydd ymysg yr aelodau i gynnal gweithgareddau eraill megis y Gymdeithas [Ddiwylliannol], yr Ysgol Sul a'r Clwb Ieuenctid.' Ac yn ôl y mesurau hyn teimlai'r gweinidog bod Eglwys y Tabernacl, 'ar y cyfan', yn llwyddo.

8.03 Newid y Drefn a Gweithio Gyda'r Ieuenctid

Bu'r gweinidog a'r ffyddloniaid yn weithgar ac yn ddyfeisgar wrth gyflwyno newidiadau i drefn draddodiadol addoli er gwneud y gwasanaeth yn fwy deniadol i'r aelodaeth. Ar ôl i gyfnod Mrs Jean Lewis fel trefnydd ieuenctid i Eglwysi'r ardal ddod i ben, ail gychwynnwyd Clwb Ieuenctid y Tabernacl dan arweiniad gwirfoddolwyr – merched yn bennaf ond hefyd yn cynnwys Mr Trefor Evans.

Nid chwaraeon yn unig aeth a bryd yr ieuenctid oherwydd buont allan yn canu carolau i'r aelodau hynny oedd yn gaeth i'w cartrefi ac yn hytrach na chymryd calennig oddi wrthynt fe gyflwynwyd i'r aelodau gacennau 'mince pies'.

8.04 Cefnogi Undeb

Bu'r Eglwys yn flaenllaw ei chefnogaeth i gyfarfodydd undebol megis Gŵyl Rhinwedd a Moes, oedfa'r Pasg a gwasanaeth carolau. Yn 2006 denwyd dros 100 o bobl i oedfa undebol y Pasg yn y Tabernacl ac yn ôl y gweinidog roedd hyn yn – 'arwydd gobeithiol' ond ar yr un pryd nid oedd bosib osgoi y ffaith bod 'ambell oedfa yn wan....'

8.05 Yr Economi a Chrefydd.... Dirywiad yw'r 'Norm'

Cafodd yr ansefydlogrwydd economaidd sylw'r Parchg Jill-Hayley Harries yn 2008. Sioc oedd gweld rhai o fanciau mawr y byd mewn trafferthion a nifer yn gorfod cau ac eraill yn gorfod derbyn cymorth llywodraeth i gadw eu pennau uwchben y dwr. Ond buan y daethpwyd i dderbyn y dirywiad economaidd fel 'y norm'. Tebyg yn ôl y gweinidog oedd sefyllfa'r capeli. Pan gauwyd y rhai cyntaf bu brwydro i'w cadw ar agor ond erbyn hyn does fawr o son wrth iddynt gau eu drysau un ar ôl y llall; 'dyna'r norm'.

8.06 'Ble Mae Swyddogion y Dyfodol?

Roedd aelodaeth y Tabernacl yn 'dal yn weddol gryf'. Er enghraifft, er bod lleihad cyson yn nifer yr aelodau o 7% bob pum mlynedd ar gyfartaledd o 1970 i 2010, roedd cyfradd y lleihad wedi arafu i 1.3% dros y bum mlynedd 2005 i 2010. Roedd y gweinidog a'r ffyddloniaid yn sicrhau bod yr Eglwys yn fywiog, gweithgar a chroesawgar. Ond, fel ymhob eglwys arall drwy'r wlad, mwy neu lai, roedd yna broblem sylfaenol sef amharodrwydd y genhedlaeth nesaf i ddod ymlaen i ysgwyddo'r cyfrifoldebau oddiar y ffyddloniaid hŷn. Ac yn ôl y gweinidog: 'Mae'r bobl gyda ni, y gallu gyda ni, y ddawn hefyd ond mae angen yr awydd.'

Y gwir oedd bod y Tabernacl fel pob eglwys arall yng Nghymru yn dioddef oddiwrth difaterwch y bobl yn gyffredinol tuag at grefydd ac nad oedd yr arferiad (llai fyth yr awydd) o fynd i'r cwrdd ar y Sul yn rhan o fywyd bellach.

Ar yr un pryd roedd teyrngarwch rhai aelodau i'r achos yn ddigwestiwn. Er enghrafft, pan ddaeth yn amlwg tua 2006/07 y byddai cost gwaith atgyweirio tô y capel yn pery anhawster ariannol i'r Drysorfa Adeiladu, cyflwynodd Mr Cyril Evans, Glyn Mynach, West Street rodd o £20,000 i'r Drysorfa er cof am ei wraig Myra.

Ar ôl gwasanaethu yr Eglwys fel Trysorydd am 31 o flynyddoedd penderfynodd Mr Mel Jenkins ymddeol o'r swydd yn 2007. Yn ôl y gweinidog 'Nid gwaith bach yw bod yn drysorydd ar eglwys, ac fe gyflawnodd Mel y gwaith yn ddiffwdan... "Da was, da a ffyddlon" fuoch i'ch swydd ac i'r Arglwydd Iesu. Diolch yn fawr iawn i chi.' Derbyniwyd swydd y Trysorydd gan Mr D.H. James, Pen-y-graig.

Yn yr un adroddiad talodd y gweinidog deyrnged i Mr Gerwyn Williams 'am ei waith tu ôl i'r llenni yn sicrhau bod y lle yn ddestlus ac yn gynnes bob amser a hefyd am ei waith di-ildio gyda'r grantiau ac am yr arddangosfa fendigedig.'

Etholwyd pedwar diacon newydd yn 2009 ac yn adroddiad y flwyddyn ganlynol roedd y gweinidog yn fawr ei chlod i'r diaconiaid a swyddogion yr Eglwys am eu cefnogaeth ac yn ymfalchio yn y cyd-weithio da o fewn yr Eglwys. Blwyddyn brysurach na'r arfer oedd 2009 i'r gweinidog gan iddi gymeryd at gyfrifoldebau ychwanegol sef, Cadeirydd y Cwrdd Chwarter ac at hyfforddi lleygwyr yn y ddwy gyfundeb y perthynai iddynt.

8.07 Ymweliad yr Undeb

Yn 2010 ymwelodd Undeb yr Annibynwyr â Chyfundeb Gorllewin Caerfyrddin. Cynhaliwyd oedfa bregethu yn y Tabernacl ar nos Iau, 8 Gorffennaf am 7.30 o'r gloch dan lywyddiaeth y Parchg Guto Prys ap Gwynfor lle pregethwyd gan gyn-weinidog y Tabernacl, y Parchg Llewelyn Picton Jones gyda Mrs Eilir Blethyn yn cyfeilio. Yn ystod yr ymweliad bu nifer o bobl ifanc a phlant y Tabernacl yn rhan o gyflwyniad yn Theatr y Lyric yng Nghaerfyrddin; profiad gwerthfawr i bob un ohonynt.

Yn 2011, ymysg y marwolaethau ddioddefodd yr Eglwys yr oedd Mrs Eilir Blethyn a oedd wedi bod 'wrth yr organ' ers 1960 ac a oedd yn 'medru arwain y gân gyda'r ffordd unigryw yr oedd yn cyfeilio ar yr organ.' Hefyd bu farw Mrs Olwydd James a fu'n ysgrifennydd Cymdeithas y Chwiorydd o 1975 i 1982 a Mrs Elsie Francis, gweddw y cyn-weinidog y Parch Huw Francis.

8.08 Y Gweinidog yn Diolch i Eglwys y Tabernacl

Yn yr un adroddiad cyhoeddodd y Parchg Jill-Hailey Harries ei bwriad i dderbyn galwad i weinidogaethu yn Trinity, Abertawe a Bethel, Sgeti. Diolchodd am y fraint o gael gwasanaethu yn y Tabernacl ac yn ardal Hendy-gwyn am bron i ddeng mlynedd i gyd: 'Yr ydych fel Eglwys wedi chwarae rhan bwysig yn fy mywyd wrth roi cyfle i mi feithrin a thyfu yn ysbrydol.' Diolchwyd iddi am ei chyfraniad i Eglwys y Tabernacl gan Miss Meryl James, Ysgrifennydd yr Eglwys, a mynegodd Meryl y gobaith y byddai ganddynt 'weinidog teilwng yn y dyfodol agos a fydd yn medru ein harwain ymlaen i gyfnod newydd.'

Eglwysi Annibynnol
Tabernacl, Hendy-gwyn ar Daf
Bethel, Llanddewi Efelffre
a Trinity, Llanboidy

✧✧✧✧

Cynhelir

Cyfarfod Sefydlu

Y Parchedig Jill-Hailey S. Harries

Bwlch-y-Rhiw, Capel-y-Groes, Bethel,
Seion a Salem, Llanymddyfri

yn Weinidog i Iesu Grist

ar yr eglwysi uchod

ddydd Sadwrn, Gorffennaf 6ed, 2002

yng Nghapel y Tabernacl, Hendy-gwyn ar Daf

✧✧✧

Y Cyfarfod Sefydlu am 1.30 yp.
Yr Oedfa Bregethu am 6.00 yh.

Organyddion :
Mrs Meinir Richards a Mrs Menna Lewis

✧✧✧

Ar ran yr Eglwysi :
Meryl James, Dyffryn Taf, Pengawse, Hendy-gwyn (01994 240350)
Pam Lewis, Awelfa, Llanddewi Efelffre, Arberth (01834 860219)
Eddie Evans, Delfryn, Llanboidy, Hendy-gwyn (01994 448246)

Cyfarfod sefydlu y Parchg Jill-Hailey Harries yn y Tabernacl Gorffennaf 6, 2002.
(Rhes ol-o'r chwith: Parchg Goronwy Wynne, Parchg Huw Roberts, Parchg Jill-Hailey Harries,
Parchg Llewlyn Picton Jones, Parchg Aled ap Gwynedd, Parchg Wynford Thomas.
Rhes flaen-o'r chwith: Dewi James, Ken Thomas, Parchg Guto Prys ap Gwynfor, Parchg Hywel Jones,
Parchg Gerwyn Jones, Jean Lewis a Carol Davies)

Yr ieuenctid a'r plant yng nghyfarfod sefydlu y Parchg Jill-Hailey Harries Gorffennaf 6, 2002.

Barbeciw yr Ysgol Sul yn 2003.
O'r chwith: Sian Pugh, Dewi James, Hywel Phillips, Jane Thomas, Eryl Rosser a'r Parchg Jill-Hailey Harries.

Barbeciw yr Ysgol Sul 2003.

Côr Llanddarog ac artistiaid – Cyngerdd Atgof o'r Ser, Rhagfyr 2004 at Ymchwil Cancr.
Rhes ôl o'r chwith: Gareth Gwynn, Meryl James, Aled Edwards.
Rhes flaen o'r chwith: Nia Edwards, Meinir Richards, Ann Francis, Rhian Mair Lewis, Y Parchg. Jill-Hailey Harries.

Barbeciw Ysgol Sul tua 2004.
Yn y cefn o'r chwith: Rhydian Phillips, Dafydd Jenkins, Sion Freeman.
Yn y canol o'r chwith: Owain Jones, Geraint Phillips, Llyr Lewis, Catrin Thomas, Nerys Lewis.
Yn y blaen o'r chwith: Sioned Thomas, Lowri Jenkins, Carys Jones, Ffion Lewis, Megan Davies, Steffan James.

Trip yr ofalaeth i Penfro yn 2005.
O'r chwith: Mag James, Lett Morse, Sheila Bancroft, Eileen Williams, Margaret James, Cyril Evans, Meryl James.

Ail doi'r capel tua 2008 yn dilyn rhodd ariannol sylweddol at y gwaith gan Mr Cyril Evans.

Pasiant Nadolig tua 2010.
Rhes ôl o'r chwith: Gwenno Davies, Carys Jones, Elen Gibbin, Megan Davies, Sara Edwards, Ceulyn Davies.
Rhes flaen o'r chwith: Owain Gibbin, Lewis Gibbin, Jessica Lee, Cari Rogers, Calan Davies, Ryan Lee,
Gruffudd Davies, Dafydd Edwards.

Dewi James ar y chwith a Meurig Davies yn newid y pibellau dŵr i'r gegin yn 2012.

Trip yr Ofalaeth i Soar y Mynydd gwanwyn 2012.
O'r chwith i'r dde: Ann Glanville, Elizabeth White, Mary James, Rosina Thomas, Menna Parry,
Gerwyn Williams, Cyril Evans, Merle Evans, Aeres Jones, Norah Heseltine, Myrddin Parry, Haulwen Davies,
Eunice John, Mel Jenkins, Emily Davies, Eileen Lewis, Pam James, June Jenkins, Trefor Evans,
Morfudd Price, Haulwen Roberts, Ann Richards, Ann Lewis, Dewi James, Meryl James.

~ 9 ~

CYFNOD Y PARCH GUTO LLYWELYN
(2013-)

9.01 Blwyddyn o gyd-weithio

'Ni fu 2012 yn flwyddyn hawdd o safbwynt yr Eglwys, ac mae llenwi'r pulpud ar y Sul yn waith anodd erbyn hyn'. Dyna oedd dyfarniad Ysgrifennydd Gohebol yr Eglwys, Miss Meryl James, ar y flwyddyn heb weinidog. Ar yr un pryd pwysleisiodd Meryl bod llewyrch ar yr Ysgol Sul, y Clwb Ieuenctid a'r Gymdeithas Ddiwylliannol ac roedd y diolch am hynny i'r 'cydweithio hyfryd sydd yn digwydd yn y Tabernacl' ymysg gwirfoddolwyr oedd yn sicrhau bod 'yr Eglwys yn Eglwys fyw'.

9.02 Gweinidog Newydd

Y Parchg Guto Llywelyn yw seithfed gweinidog y Tabernacl ac yn adroddiad 2013 mynegodd ei falchder o weld cymaint llwyddiant oedd yn bodoli yng ngweith-gareddau'r plant a'r ieuenctid ac yn y Gymdeithas Ddiwylliannol. Atgoffodd y darllenwyr bod y llewyrch yn y Tabernacl yn ganlyniad i filoedd o oriau o waith gan wirfoddolwyr a llawer o'r gwaith hwnnw yn y dirgel. Yr oedd hefyd wedi ei blesio yn fawr o weld cynulleidfa o dros 30 yn y capel bob Sul a thanlinellodd y byddai yn rhwydd i drefnu lifft i unrhyw un oedd angen cymorth o'r fath i ddod i'r cwrdd.

Roedd derbyn 11 aelod newydd yn 2014 yn argoeli'n dda ac fe ganmolodd y Gweinidog yr ieuenctid am eu parodrwydd i arddel eu perthynas a'r capel. Maen debyg mai un o'r rhesymau am safbwynt gefnogol y bobl ifanc oedd ymateb parod yr Eglwys i apeliadau am gymorth gan ddioddefwyr trychinebau ar draws y byd. Er enghraifft, yn 2010 achosodd daeargryn difrodus Haiti 250,000 o farwolaethau a gadawyd dros filiwn yn ddigartref. Pedair mlynedd yn ddiweddarach roedd tua 100,000 yn dal yn ddigartref ac fe drefnodd Undeb yr Annibynwyr apêl am arian. Atebodd Eglwys y Tabernacl yn gadarnhaol drwy gynnal Ocsiwn Addewidion lle codwyd £1,315.40 tuag at yr Apêl.

Tri-deg-dwy o flynyddoedd ers recordio rhaglen radio Caniadaeth y Cysegr yn y Tabernacl daeth cyfle ym mis Mai 2014 i recordio rhaglen deledu Dechrau Canu Dechrau Canmol o'r capel. Gyda chefnogaeth eglwysi'r ardal roedd y capel yn orlawn ac o dan arweinyddiaeth Mrs Meinir Richards gyda Mr Meirion Wyn Jones wrth yr organ cafwyd digon o ganu ar gyfer tair rhaglen.

Yn ystod y flwyddyn cafwyd drysau a ffenestri newydd i'r capel ac fe ddangoswyd mor flaengar yw'r gweinidog a swyddogion yr Eglwys wrth iddynt lawnsio Gwefan yr Ofalaeth sydd bellach yn rhan o Facebook lle gellir dilyn holl weithgareddau'r Eglwys a'r ofalaeth drwy ysgrifau a lluniau.

Cyn diwedd 2014 cynhaliodd Eglwys y Tabernacl bleidlais mewn cwrdd eglwys ar y cwestiwn a ddylid cynnal priodas un-rhyw. O 18 pleidlais i 16 penderfynnodd yr aelodau na ddylid cynnal y fath briodas.

9.03 Anrhydeddu Dau. Y Beibl Byw

Ym 1983 derbyniwyd y swydd Ysgrifennydd Cymdeithas y Chwiorydd gan Miss Meryl James a bu wrth y gwaith am ddeunaw mlynedd. Ym 1993 etholwyd Meryl yn ddiacon yn y Tabernacl a hi oedd y ferch gyntaf i ddal swydd diacon yn yr Eglwys. Yn y flwyddyn 2000 apwyntiwyd Meryl i swydd Ysgrifennydd Gohebol y Tabernacl yn olynydd i'w thad, Mr John C. James, ac mae'n dal i wneud y gwaith ddeunaw mlynedd yn ddiweddarach. O edrych drwy adroddiadau blynyddol yr Eglwys fe welir bod enw Meryl James ynghlwm wrth weithgareddau megis yr Ysgol Sul a'r Clwb Ieuenctid ers blynyddoedd ac mae'n amlwg bod llwyddiant y mudiadau hynny yn deillio i raddau helaeth o arweiniad Meryl a'i thîm o wirfoddolwyr o fewn yr Eglwys. Felly, dim rhyfedd bod Meryl James wedi ei anrhydeddu a gwobr Halen y Ddaear.

Yn 2015 y digwyddodd hynny ac yn yr un flwyddyn daeth aelod arall a chlod i'r Tabernacl pan etholwyd Mr Melville Jenkins yn Gadeirydd Cyfundeb Annibynwyr Gorllewin Caerfyrddin; y cyntaf o Eglwys y Tabernacl i lanw'r swydd.

Blwyddyn brysur i'r teulu Jenkins fu 2015/16 gan i'r mab Neil gael ei ethol yn Faer Hendy Gwyn ac fe gynhaliodd wasanaeth Sul y Maer yng nghapel y Tabernacl.

Yn 2015 cynigiodd George a Sheila Bancroft biano at ddefnydd y festri. Roedd yr Eglwys yn falch iawn i dderbyn y cynnig hael a dyma'r piano sydd yn y festri heddiw.

Wrth edrych ymlaen i'r flwyddyn newydd cyhoeddodd y Parchg Guto Llywelyn ei fwriad i sefydlu Grwp Trafod o fewn yr Ofalaeth er mwyn cymeryd rhan yng nghynllun yr Undeb i nodi 2016 fel Blwyddyn y Beibl Byw. Atgofiodd y Gweinidog yr aelodau y byddai manylion am y cynllun ac am holl weithgareddau'r Eglwys i'w gweld ar wefan y Tabernacl. Un o'r gweithgareddau hynny oedd adnewyddu blaen y capel ac yn ôl Mr Llywelyn roedd y 'Tabernacl yn edrych yn hardd iawn ar ei newydd wedd.' Dair mlynedd yn ddiweddarach aeth Neil Jenkins a chyd-weithwyr ati i wneud gwaith cynnal a chadw sylweddol tu fewn y capel. Caewyd yr adeilad am fis a bu'r aelodau yn addoli yn y festri cyn ail-agor y capel ddiwedd mis Tachwedd 2018.

9.04 Arbrofi

Mae'n draddodiad gan yr Eglwys i gynorthwyo y rhai hynny sy'n llai ffodus. Er enghraifft, dros y blynyddoedd diwethaf elwodd mudiadau fel Canolfan Plant Sir Gar (Apel Bandi), Operation Christmas Child, Cymorth Cristnogol, Llyfrau Llafar Cymru ac Ysbytai Glangwili a Llwynhelyg o haelioni aelodau Eglwys y Tabernacl.

Ar yr un pryd mae gweithgareddau'r Eglwys yn y gymuned yn datblygu'n gyflym. Er enghraifft, mae cynllun ar droed i ddosbarthu'r cymun i aelodau sy'n gaeth i'w cartrefi neu sy'n byw mewn cartrefi preswyl. Ymhellach cynigir cynnal gwasanaethau mewn cartrefi preswyl ac mae dau gartref sef Dol y Felin a Waungron wedi cymeryd mantais o'r cynnig.

Erbyn hyn mae Undeb yr Annibynwyr Cymraeg yn elwa o brofiad a gallu Ysgrifennydd Gohebol y Tabernacl, Miss Meryl James, gan iddi gael ei apwyntio yn Drysorydd yr Undeb yng nghyfarfod blynyddol 2016 yn Llanuwchllyn.

Mae cynllun yr Annibynwyr Cymraeg, Y Ffordd, sy'n anelu at gael pobl i ddarllen a deall y Beibl, yn weithredol yn y Tabernacl o dan arweiniad y Gweinidog y Parchg Guto Llywelyn ac mae'n argoeli'n dda bod grwp trafod y Tabernacl yn denu aelodau o wahanol eglwysi'r ardal i ymuno a hwy yn yr arbrawf gyffrous hwn.

Mae gwaith y tîm o oedolion ifanc ac eraill sy'n edrych ar ôl yr Ysgol Sul a'r Clwb Ieuenctid yn dwyn ffrwyth a gall yr Eglwys deimlo'n galonogol am y dyfodol gan fod yr Ysgol Sul yn mynd o nerth i nerth gydag unarddeg ychwanegol o blant yn ymuno dros y ddwy flynedd 2016 a 2017. Ar yr un pryd mae'r Clwb Ieuenctid yn parhau ac yn manteisio o bryd i'w gilydd ar y ffaith bod chwaraeon o'r radd uchaf o fewn cyrraedd iddynt ar Barc y Scarlets.

Ar ddechrau 2018 derbyniodd Cronfa Adeiladu y Tabernacl rodd ariannol enfawr, yng nghyd-destun rhoddion arferol i'r Gronfa, o £72,000 o ewyllys y diweddar Mr Cyril Evans. Penderfyniad y mab, Mr Trevor Evans, oedd i drosglwyddo'r arian i'r Gronfa.

Yn yr un flwyddyn rhoddwyd ystyriaeth drylwyr i osod sgriniau teledu yn y capel. Ar ôl ymweld a chapel Cana, Bancyfelin i gael profiad o sgriniau gweithredol penderfynwyd yn unfrydol i osod sgriniau yn y Tabernacl er caniatau cyflwyniadau gweledol yn ymestyn o ddangos rhif yr emynau yn y gwasanaethau, i gyflwyno storiau i'r plant ac i gynorthwyo siaradwyr, pregethwyr a darlithwyr yn eu cyflwyniadau.

Arwydd disglair bod Eglwys y Tabernacl yn Eglwys fyw sy'n barod i ymateb i'r newidiadau cymdeithasol enfawr sydd wedi digwydd dros yr hanner canrif ddiwethaf, yw ymweliad diweddar rhai o ieuenctid ac aelodau yr Eglwys â Mosg Caerfyrddin. Yn ôl y neges ar Facebook, 5 Rhagfyr 2018, 'Cafwyd croeso rhyfeddol' yn cynnwys '…y fraint o wylio addoliad Islamaidd… esboniad ar y grefydd Islam… a chyfle i gymdeithasu dros wledd a oedd wedi ei pharatoi ar ein cyfer. Edrychwn ymlaen i groesawu ein ffrindiau newydd nôl i'r Tabernacl yn yr hydref.'

Ymlaen! Y Tabernacl.

Eglwysi Annibynnol
Tabernacl, Hendygwyn ar Daf;
Bethel, Llanddewi Efelffre;
a Trinity, Llanboidy

Cynhelir

Cyfarfod Ordeinio a Sefydlu
Mr Guto Llywelyn

Eglwys Annibynnol
Gellimanwydd, Rhydaman

yn
Weinidog i Iesu Grist
ar yr Eglwysi uchod

ddydd Sadwrn, Mai 18fed, 2013
am 1.30 yp

yng Nghapel
Y Tabernacl, Hendygwyn ar Daf

Organyddes: Mrs Menna Lewis

Estynnir croeso cynnes i bawb
Darperir lluniaeth

Ar ran yr Eglwysi:
Meryl James, Dyffryn Taf, Pengawse, Hendygwyn, 01994 240350
Pamela Lewis, Awelfa, Llanddewi Efelffre, Arberth, 01834 860219
Dorothy Morris, Blaensarngoch, Llanboidy, Hendygwyn 01994 448375

O'r chwith, Parchg. Tom Defis, Parchg. Guto Prys Ap Gwynfor, Menna Lewis,
Parchg. Guto Llywelyn a Parchg. Euros Wyn Jones

173

Ymweliad yr Ieuenctid â'r Sinema yn 2014.
O'r chwith: Elen Gibbin, Gwenno Davies, Lowri Jenkins, Ffion Davies, Gruffydd Davies, Megan Davies.

Arwyddo Llyfr Gwyn Heddwch Caerfyrddin yn 2014.
O'r dde: Carys Jones, Ffion Lewis, Megan Davies.

Dydd Gŵyl Dewi 2014 gyda Tecwyn y Mascot.
O'r cefn ar y dde ac yn ôl y cloc: Constance Fedor, Clementine Fedor, Annie Butt, Alis Butt, Scarlet Fedor.

Sul y Cofio 2014.
Rhes ôl o'r chwith: Eirian Davies, Dafydd Glanville, Gareth Glanville, Christopher Davies, Dafydd Lewis.
Rhes flaen o'r chwith: Gwenno Davies, Rhian Rees, Catrin Thomas, Carys Jones.

Meryl James yn cael ei enwebu yn 'Halen y Ddaear' yn 2015.
O'r chwith: Alwyn Humphries, Meryl James, Gerwyn Williams (yr enwebydd).

'Darlith Goffa Parchg Huw Francis' gan Parchg Aled Gwyn yn 2015. Hefyd yn y llun mae Ann Francis.

Gwylnos 2015 yng ngofal yr oedolion ifanc.
Rhes ôl o'r chwith: Catrin Thomas, Sioned Thomas, Iwan Evans, Dafydd Glanville, Gareth Glanville, Bleddyn Thomas, Mari Kirk, Steffan James, Hawys Freeman, Christopher Davies, Sara John.
Rhes flaen o'r chwith: Owain Jones, Nerys Lewis, Lowri Jenkins, Ffion Lewis, Carys Jones, Ffion Scourfield, Alys John.

Mel Jenkins Cadeirydd Cyfundeb Gorllewin Caerfyrddin 2016. Y cyntaf o'r Tabernacl i lanw'r swydd.

Trip blynyddol 2017 yn ymweld â'r Ysgwrn, cartref Hedd Wyn.
O'r chwith: Myrddin Parry, Gerald Williams (nai Hedd Wyn), Gerwyn Williams.

Trip blynyddol 2017 yn ymweld â'r Ysgwrn, cartref Hedd Wyn.

178

Clwb Ieuenctid 2017.
O'r chwith: Cerys Jenkins, Elen Gibbin, Gruffudd Davies, Megan Davies, Lewis Gibbin.

Mwynhau Hufen Ia ar Trip yr Ysgol Sul 2017.
O'r chwith: Dafydd James, Ffion Davies, Anwen Watson, Betsi Davies, Gwen Watson, Cerys Jenkins.

Dydd Gweddi Chwiorydd y Byd 2017.
Rhes ôl o'r chwith: Margaret Titterton, Eleri Lewis, Heather Jenkins, Diane Davies.
Rhes ganol o'r chwith: Haulwen Roberts, Elizabeth White, Rosina Thomas, Susan Phillips, Catrin Llywelyn, Judith Davies, Menna Lewis, Pam James, Rose Rickards, Sheila Thomas, Menna Parry, Helen Thomas.
Rhes flaen: Rhian Rees, Glen Chaplin, Sheila Bancroft.

Meryl James ar ôl ei hadroddiad cyntaf fel Trysorydd Undeb yr Annibynwyr Cymraeg yn Gellimanwydd, Rhydaman 2017. Hefyd yn y llun dau o swyddogion yr Annibynwyr ar y pryd – Y Parchg Geraint Tudur Ysgrifennydd Cyffredinol (ar y dde) a Glyn Williams, Llywydd.

Casgliad i'r Banc Bwyd 2017.
Ar eu traed o'r chwith: Brian Brown, Meurig James, Meurig Davies, Elizabeth White, Ken Rees,
Sheila Thomas, Cerrys Rees, Jane Thomas, Menna Lewis, Judith Davies, Rosina Thomas, Cynthia
Jones, Mel Jenkins, Meryl James, Dewi James, Diane Davies.
Yn eistedd o'r chwith: Ann Glanville, George Bancroft, Sheila Bancroft, Lett Morse,
Nigel Jones, Pam James, Pat Davies, Rhian Rees, June Jenkins.

Cyfarfod Blynyddol Mudiad Chwiorydd Gorllewin Caerfyrddin yn y Tabernacl Mai 10, 2017.
Rhes ôl o'r chwith: Eryl Rosser, Dorothy Morris, Judith Davies, Eleri Gibbin, Ann Glanville,
Carys Davies, Emma Powell, Janice Williams.
Rhes ganol: Rosina Thomas, Rose Rickards, Elonwy Phillips, Anne Lewis, Menna Lewis,
Rhian Rees, Eleri Lewis, Enfys Thomas, Heather Jenkins.
Rhes flaen: June Jenkins, Sheila Bancroft, Gwyneth Williams, Catrin Llywelyn.

Y Gweinidog a'r Diaconiaid 2018.

Rhes ôl o'r chwith: Gerwyn Williams, Hywel Phillips, Brian Brown, Trefor Evans, Ann Glanville.
Rhes flaen o'r chwith: Elizabeth White, Meryl James, Mel Jenkins, Y Parchg Guto Llywelyn, Meurig Davies, Dewi James, Meurig James.

Oedfa Deuluol – Haf 2018.
Rhes ôl o'r chwith: Elizabeth White, Emma Powell, Rhian Rodgers Iraia, Huw Jones,
Judith Watson, Dafydd Lewis, Steffan James.
Rhes ganol o'r chwith: Diane Evans, Jean Parri Roberts, Atta Rodgers Iraia, Lazlo Fedor,
Cerys Jenkins, Constance Fedor, Megan Davies, Gruffudd Davies, Emyr Davies, Rodney Powell.
Rhes flaen o'r chwith: Betsi Davies, Ffion Davies, Gwenno Powell, Clementine Fedor, Hanna Powell,
Anwen Watson, Gwen Watson, Scarlett Fedor, Morgan Oeppen, Elizabeth Oeppen, Sophie Oeppen.

Trip i'r Traeth 2018.
Yn sefyll o'r chwith: Clementine Fedor, Constance Fedor, Cerys Jenkins, Ffion Davies,
Dafydd James, Scarlett Fedor, Hanna Powell, Efa Thomas, Gwenni Thomas, Betsi Davies,
Morgan Oeppen, Sophie Oeppen.
Ar y llawr o'r chwith: Anwen Watson, Gwenno Powell, Gwen Watson.

Oedfa Nadolig y plant a'r ieuenctid 2018.
Rhes ôl o'r chwith: Dafydd James, Cerys Jenkins, Scarlett Fedor, Constance Fedor,
Lewis Gibbin, Gruffudd Davies, Megan Davies, Elen Gibbin.
Rhes ganol o'r chwith: Hana Gabillia, Betsi Davies, Gwenno Powell, Clementine Fedor,
Gwenllian Thomas, Ffion Davies, Hanna Powell, Anwen Watson, Angharad Gabillia.
Rhes flaen o'r chwith: Sidney Eynon Stretton, Atta Rodgers Iraia, Elizabeth Oeppen, Gwen Watson,
Daisy Eynon Stretton, Morgan Oeppen, Celyn Thomas.

Yr awdur Denley Owen a'i wraig Lon yn ymweld â'r Tabernacl yn 2018.

Grŵp Trafod Y Ffordd 2018.
O'r chwith yn ôl y cloc: Elizabeth White, Ann Lewis, Rosina Thomas, Verian Williams, Iona Morgan, Annalyn Davies, Meryl James, Diane Davies, Dewi James, Ronnie Morgan, Mel Jenkins, Trefor Evans, Les Evans.

Y trip Blynyddol yn ymweld a Neuaddlwyd 2018.

Kyle Morgan (ar y dde) a Steve Vaughan o gwmni Vaughan Sounds, Llanelli yn dod a scriniau teledu
i'r Tabernacl am y tro cyntaf – Mai 2018.

Tim pêl-droed y Tabernacl a Bethlehem, Pwlltrap, pencampwyr pêl-droed uwchradd
am 3 blynedd yn olynol (2016–2018).
O'r chwith: Owain Gibbin, Lewis Gibbin, Dafydd Jones, Ifan Jones, Guto Huws.

Ymweliad y Tabernacl a Mosg Caerfyrddin Tachwedd 2018.
O'r chwith ac yn ôl y cloc: Maryam Gana, Eleri Gibbin, Emma Davies, Megan Davies, Gruffudd Davies, Lewis Gibbin, Khaldoon, Ashraf, Baba Gana, Catrin Llywelyn, Elizabeth White, Anne Lewis, Abdullah Odell, Trefor Evans a Nahida.

Cinio Blynyddol Gŵyl Ddewi Cymdeithas Ddiwyllianol y Tabernacl 2019.
O'r chwith: Y Parchg Guto Llywelyn, Rosina Thomas, Denley Owen (y gŵr gwadd), Lon Owen (a gyflwynodd lun o'i gwaith i'r gymdeithas), Elizabeth White, Pam James, Dewi James.

Dydd Gŵyl Ddewi 2019.
Rhes ôl o'r chwith: Megan Davies, Gruffudd Davies, Lewis Gibbin, Dafydd James, Cerys Jenkins, Scarlett Fedor.
Rhes flaen o'r chwith: Morgan Oeppen, Elizabeth Oeppen, Gwen Watson, Hana Gabillia, Gwenno Powell, Angharad Gabillia, Hanna Powell,
Clementine Fedor, Gwenllian Thomas, Celyn Thomas, Ffion Davies, Sidney Eynon Stretton, Daisy Eynon Stretton, Betsi Davies, Anwen Watson.

Tabernacl Mawrth 3 2019.

Rhes flaen o'r chwith: Gwenno Powell, Angharad Gabillia, Gwen Watson, Hana Gabillia, Morgan Oeppen, Emma Powell, Rodney Powell, Emyr Davies, Diane Evans.

Ail res o'r chwith: Meryl James, Celyn Thomas, Daisy Eynon Stretton, Anwen Watson, Betsi Davies, Mel Jenkins, Meurig Davies, Parchg Guto Llywelyn.

Trydedd rhes o'r chwith: ffion Davies, Scarlett Fedor, Cerys Jenkins, Gwenllian Thomas, Hanna Powell, Clementine Fedor, Elizabeth Oeppen, Sophie Oeppen, Wil Davies, Haydn Gabillia, Marie Gabillia.

Pedwaredd rhes o'r chwith: Owain Gibbin, Lewis Gibbin, Dafydd James, Catrin Eynon, Sidney Eynon Stretton, Rhian Rodgers Iraia, Judith Watson, Enfys Thomas, Bethan Jenkins.

Pumed rhes o'r chwith: Gruffudd Davies, Megan Davies, Eryl Rosser, Catrin Llywelyn, Gwyneth Davies, Eleri Lewis, Eirian Davies.

Chweched rhes o'r chwith: Emma Davies, Gethin Gibbin, Eleri Gibbin, Judith Davies, Jane Thomas, Rosina Thomas, Elizabeth White, June Jenkins, Heather Jenkins.

Seithfed rhes o'r chwith: Dewi James, Ann Glanville, Pam James, Emily Davies, Haulwen Roberts, Rhian Rees, Cerrys Rees, Ken Rees.

Wythfed rhes o'r chwith: Menna Lewis, Glen Chaplin, George Bancroft, Sheila Bancroft, Mair Phillips, Meurig James, Huw Jones.

Nawfed rhes o'r chwith: Gerwyn Williams, Carys James, Sian Pugh, Gerallt Edwards, Caryl Jones, Lazlo Fedor, Trefor Evans, Meirion James.

Degfed rhes: Sheila Thomas, Menna Parry, Myrddin Parry, Eunice John, Pat Davies, Eilona Evans.

Diaconiaid

Y grwp cyntaf, cyn symud o Soar i'r Tabernacl

John Jenkins, Melin Trefechan.
David Rees, Siop Whitland.
John Thomas, Fforest.

William Watts, Ciffyg.
John Davies, Saer Penrhiw.
Henry Davies, Penglogue.

Yr ail grwp

Evan Lewis, Glandwr.
Josiah James, Bwlchysais.
P.N. Owen, Medical Hall.
Rees Lewis, Park Villa.

Thomas Phillips, Brynglas.
Thomas Williams, Y Crydd.
William Scourfield, Amgoed.
Ebenezer Thomas, Tower House.

Y trydydd grwp

Griffith Williams, Roseberry House.
Isaac Newton Rees, Emporium.
David Evans, Bristol House.
Thomas Llewellyn, Penrhiwgoch.

John Williams, Forest Gate.
E.H. James, Rock House.
David Thomas, 16 St John Street.
W. Arthur Thomas, Fforest.

1910

Tom Davies, Market Street.
Evan Owen, Market Street.
John Owen, Pantyderi.

David Cunnick, Greenfield.
David Davies, Spring Gardens.
David Evans, Manordaf.

Thomas Morgan, Y Felin.

1921

D.T. Evans, Ysgwyn.
William John, Glyntaf.
Morgan Jones, St Mary Street.

James Harries, St Mary Street.
David Nicholas, St John Street.
Morris Jones, Ashgrove.

1939

Tom Rees, Croft.
F.G. Phillips, Moor.

D. Lloyd-Lewis, Midland Bank.
Ezer Thomas, Anchor House.

Tom Richards, North Road.
Willie Evans, Delfryn.
D.L. Stephens, Lynwood.

Phill Phillips, Tegfryn Taf.
T. Llewellyn, Bryngwyn.
G. Tudor, St John Street.

1951

George Evans, Talbot House.
Steve Griffiths, 9 Park Street.
Bert Henton, Pleasant View.
Willie Jenkins, Post Office.

T.E. Jones, St Mary Street.
Dan Phillips, Spring Gardens.
Mort Phillips, Minyrawel.
R.E. Thomas, Pengawse.

1965

S.G. Davies, Wenallt.
W.D. Davies, Alpha House.
Stanley Griffiths, 12 Park Street.
Ronnie James, 18 Lon Hywel.

Grismond Jenkins, Kimpese.
Morgan Rhys Roberts, Dolwerdd.
Thomas Rosser, Regwm.
Gerwyn Williams, Lynwood.

1975

J.H. Evans, Penffordd.
Cyril Evans, Glyn Mynach.
John C. James, Ivy House.
David James, Maesderwen.
Melville Jenkins, 4 Glendale Terrace.

Ronald John, Maesyrawel.
C.P. Phillips, Green Park.
P. Thomas, Gwindy House.
G.J. Thomas, Ysguborfawr.
Gerwyn Williams, Albion Stores.

1993

Meurig Davies, Llygad yr Haul.
Cyril Evans, Glyn Mynach.
Meryl James, Dyffryn Taf.

Dewi James, Penygraig.
Morgan Lewis, Rhydycerrig.
Hywel Phillips, 4 Bryngwenllian.

2000

Elizabeth White, Oak Meadow.

2009

Brian Brown, Maeshyfryd.
Trefor Evans, Glyn Mynach.

Ann Glanville, Llwynpinner.
Meurig James, Dyffryn Taf.

Swyddogion

Blwyddyn	Ysgrifennydd	Ysgrifennydd Arianol	Trysorydd
1921	I.N. Rees	D.T. Evans, Morgan Jones	T.P. Rees
1933	Morris Jones	D.T. Evans, Morgan Jones	William John
1936	Morgan Jones		
1941		D. Lloyd Lewis, Tom Rees	
1945		Tom Rees	
1946			dim Trysorydd
1953	W. Jenkins	G. Evans, B. Henton	R.E. Thomas
1954	R.E. Thomas		
1957		B. Henton	
1959		G. Evans	
1960	M. Phillips		
1966	G. Jenkins		
1968		G. Evans, W.R. James	S.B. Griffiths W.D. Davies

Blwyddyn	Ysgrifennydd	Ysgrifennydd Arianol	Trysorydd
1969		W.R. James	W.D. Davies
1976			J.M. Jenkins
1982	J.C. James		
1993		E.R. John	
1999		Miss E.M. White	
2001	Miss J.M. James		
2007			D.H. James

Aelodaeth y Tabernacl, Hendy-gwyn
dros y degawdau

Blwyddyn	Aelodaeth
1890	
1895	400
1900	
1905	460
1910	
1915	
1920	
1925	393
1930	

Blwyddyn	Aelodaeth
1935	411
1940	421
1945	363
1950	348
1955	360
1960	358
1965	352
1970	340
1975	306

Blwyddyn	Aelodaeth
1980	286
1985	223
1990	206
1995	190
2000	192
2005	154
2010	152
2015	140
2017	133

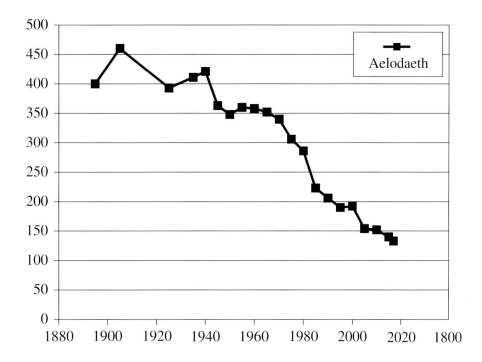

Llinell Amser

1837	Cael tir i adeiladu Soar.
1838	Parchg David Rees, Capel Als yn annog y werin ddi-rym: 'Cynhyrfwch! Cynhyrfwch!'
1839	Gwrthryfel y Beca yn torri mâs yn Efailwen.
1842	Agor Soar. 1, 2 Mawrth
1844	Parchg Joshua Lewis, Henllan yn agor clwb ddillad ar gyfer tlodion yr ardal.
1847	Adroddiad ar Addysg yng Nghymru – Brad y Llyfrau Gleision
1948	Cwrdd Chwarter cyntaf i'w gynnal yn Soar.
1849	Ordeinio David Phillips. Gweinidog cyntaf Soar a Charfan.
1850	Agor Nasareth (B), Hendy-gwyn.
1852	Y rheilffordd yn cyrraedd Caerfyrddin.
1853	Marw y Parchg David Phillips.
1854	Y rheilffordd yn cyrraedd Hwlffordd.
1855	Ordeinio William Thomas yn weinidog ar Soar a Bethel. Aelodaeth Soar ~ 65.
1858	Adfywiad ysbrydol yn Soar – ugeiniau yn ymaelodi o'r newydd.
1861	Agor Bethania (M), Hendy-gwyn.
1864	Cwrdd Chwarter Eglwysi Annibynol Sir Gâr yn Soar.
1866	Cyhoeddi 'Hynafiaethau yr Hendy Gwyn ar Daf' gan y Parchg William Thomas.
1868	Ysgol Sul Soar mewn Cymanfa Bwnc yn Henllan.
1870	Parchg William Thomas yn priodi Elizabeth Richards, Llwyndewi.
1872	Gosod Carreg Sylfaen Tabernacl.
1873	Lampau paraffin yn goleuo'r Tabernacl.
1874	Agor Tabernacl (120 o aelodau). 19, 20 Mai.
1875	Parchg William Thomas yn cael ei gosbi gan W.H.Yelverton.
1877	Aelodaeth Tabernacl ~ 200
1880	Wm Thos yn sefydlu Cymdeithas Lenyddol y Tabernacl. Powell Maesgwyn yn Aelod Seneddol dros Sir Gâr.

1881	Côr y Tabernacl yn perfformio 'Joseph', cantawd gan y Dr Joseph Parry.
1884	William Thomas a Griffith Havard yn ffurfio Cymdeithas Rhyddfrydol Hendy-gwyn
1885	Ethol Powell Maesgwyn yn A.S. Gorllewin Sir Gâr fel Rhyddfrydwr Radical.
1886	Ail-ethol Powell Maesgwyn yn A.S. Gorllewin Sir Gâr. Dr Pan Jones yn Ysgol y Bwrdd.
1887	Gwerthiant y Degwm ar ffermydd Richards, Llwyndewi a Thomas, Penycoed.
1889	Ethol William Thomas yn Gynghorydd Sirol fel Rhyddfrydwr. Marw Powell, Maesgwyn.
1894	Ethol William Thomas yn Gynghorydd Dosbarth. Agor Ysgol Ganolradd yn yr Hendy-gwyn.
1895	Marw Mrs Elizabeth Thomas. Ffurfio Undeb yr Eglwysi Rhyddion.
1896	Adnewyddu Soar. Tabernacl yn clodfori William Thomas mewn Llythyr.
1897	W.T., T.E. Ellis, D. Lloyd George yn annerch yng Nghaerfyrddin. W.T. yn priodi Miss Amy Jones. Aelodaeth y Tabernacl ~ 400
1899	Parchg William Thomas yn Gadeirydd Undeb yr Annibynwyr Cymraeg.
1901	Cyhoeddi casgliad o bregethau William Thomas.
1904	Diwygiad Evan Roberts.
1906	Parchg William Thomas yn colli ei iechyd.
1907	Ordeinio y Parchg Gwilym Higgs B.A. yn gyd-weinidog i'r Parchg William Thomas.
1908	Parchg William Thomas yn ymddeol ar ôl gwasanaethu am 53 mlynedd.
1910	Adnewyddu Tabernacl a chael organ o'r diwedd. Lampau nwy yn goleuo'r Tabernacl
1911	Sefydlu achos Saesneg yn Hendy-gwyn. Marw yr Hybarch William Thomas.
1913	Parchg Gwilym Higgs yn priodi Miss Alice Mary Rees.
1914	Marw William Scourfield, diacon hynaf y Tabernacl a gohebydd y wasg.
1917	Gwilym Higgs yn mynd i Ffrainc fel caplan i filwyr yn y rhyfel mawr.
1921	Tabernacl yn cael llestri cymundeb.
1924	Marw Isaac Newton Rees, diacon ac athro ysgol Sul.
1933	Sefydlu y Bwrdd Marchnata Llaeth.
1934	Adnewyddu Tabernacl.
1935	Golau Trydan yn goleuo'r Tabernacl. Gwres canolog yn y capel. Tŷ boiler a boiler newydd.

1936	Ffurfio Cymdeithas y Chwiorydd.
1937	Marw y meddyg Dr W.D. Owen.
1939	Yr ail ryfel-byd yn torri mâs.
1942	Canmlwyddiant agor Soar.
1944	'Y lamp yn llosgi'n isel' ym mywyd ysbrydol pobl yn ôl y Parchg Gwilym Higgs.
1946	Diwedd Ysgol Sul yn Soar.
1948	Mr Tom Davies yn ymddeol fel arweinydd y gân.
1949	Y Parchg Gwilym Higgs yn ymddeol.
1950	Sefydlu'r Parchg J Huw Francis B.A.
1952	Ffurfio Cymdeithas y Chwiorydd.
1953	Y Gobeithlu (Band of Hope) yn dod i ben.
1958	Cyngor Undeb yr Annibynwyr Cymraeg yn cwrdd yn y Tabernacl.
1960	Adnewyddu ac ail-agor Soar. Ymddeoliad Mr a Mrs Garfied Tudor, athrawon ysgol Sul.
1963	Marw y Parchg Gwilym Higgs.
1966	Adnewyddu Tabernacl. Trychineb Aberfan. Marw Mr Tom Rees diacon ac athro Ffrangeg.
1970	Caniadaeth y Cysegr o'r Tabernacl.
1974	Canmlwyddiant y Tabernacl. Lleihau'r wythnos waith i dri diwrnod.
1976	Triniti, Llanboidy yn ymuno a'r ofalaeth.
1979	Ymddeoliad y Parchg J. Huw Francis.
1981	Ordeinio y Parchg Tom Defis, B.D. Gwasanaeth angladdol olaf yn Soar.
1982	Caniadaeth y Cysegr o'r Tabernacl. Sioe Gerdd 'Y GENI'
1987	Gwelliannau i'r Tabernacl ac i fynwent Soar.
1989	Darlledu oedfa eglwysi'r ofalaeth o'r Tabernacl.
1990	Cymanfa Ganu Urdd Gobaith Cymru yn y Tabernacl. Rhyddhau Nelson Mandela.
1991	Gwerthu tai Soar.
1993	Parchg Tom Defis yn gadael.
1994	Adnewyddu'r capel gan wirfoddolwyr. Hufenfa Hendy-gwyn yn cau.
1995	Ordeinio y Parchg Llewelyn Picton Jones.
1996	Tai Soar yn cael eu dymchwel.

1998	Yr oedfa olaf yn Soar. Cytundeb Gwener y Groglith yn cynnig gobaith am heddwch yn Iwerddon.
1999	Parchg Llewelyn Picton Jones yn gadael. Boiler nwy newydd. Sefydlu Cynulliad i Gymru.
2001	Dymchwel capel Soar. Terfysgwyr yn dymchwel y ddau dŵr yn Efrog Newydd.
2002	Ordeinio y Parchg Jill Hayley Harries.
2004	Sefydlu Facebook. Tsunami yng Nghefnfor India yn achosi 230,000 o farwolaethau.
2005	Sefydlu YouTube.
2008	Cwymp marchnadoedd arian y byd. Ethol Barak Obama yn Arlywydd yr Unol Daleithiau.
2010	Undeb yr Annibynwyr yn cynnal oedfa bregethu yn y Tabernacl.
2011	Parchg Jill Hayley Harries yn gadael.
2012	Boiler nwy newydd.
2013	Ordeinio y Parchg Guto Llywelyn.
2014	Dechrau Canu Dechrau Canmol o'r Tabernacl.
2015	Meryl James, Ysgrifennydd y Tabernacl, yn derbyn gwobr 'Halen y Ddaear'. Gwefan i'r ofalaeth.
2016	Refferendwm ar aelodaeth o'r Undeb Ewropeaidd. Prydain i adael yr UE.
2017	Cynnal gwasanaethau yng nghartrefi preswyl yr ardal.
2018	Gosod sgriniau teledu yng nghapel y Tabernacl. Gwneud gwaith cynnal a chadw sylweddol.
2019	Cyhoeddi llyfr ar Hanes Eglwys y Tabernacl.

Nodiadau

Darllen cefndirol:

HANES CYMRU
John Davies
Allen Lane 1990

Hanes EGLWYSI ANNIBYNOL [*sic*] CYMRU Cyf. III, gan T. Rees, D.D. Abertawy a J. Thomas, Liverpool, Liverpool 1873.

Hanes EGLWYSI ANNIBYNOL [*sic*] CYMRU Cyf V, gan y Parchg J. Thomas, D.D., Hughes Dolgellau 1891.

Hanes Annibynwyr Cymru gan R. Tudur Jones. Abertawe. Undeb yr Annibynwyr Cymraeg 1966.

Cyfeiriadau:
1. Ysgrifau Mrs Elsie Francis (Hanes Eglwys y Tabernacl, 1974) a Mrs Olwydd James (Canmlwyddiant Tabernacl Hendygwyn, 1976) (Heb eu cyhoeddi)
2. Hynafiaethau Hen Dy Gwyn ar Daf gan Y Parchg William Thomas, 1868
3. Album Aberhonddu 1755-1880, Gol. T. Stephens, Swyddfa'r Tyst, Merthyr Tydfil MDCCCXCVIII (1898).
   Cyfrol Goffa i Weinidogion Annibynnol Cyfundeb Cymraeg Penfro, Merthyr Tydfil 1933
4. Y Bywgraffiadur Cymreig hyd 1940, Llundain 1953
5. *Efailwen to Whitland*, vol 2, Lodwick, Carmarthen 1976
6. Wil Ifan, *Y Filltir Deg*, Abertawe 1954
7. *Y Tyst a'r Dydd*, 19 Mehefin 1874
8. *Western Mail*, 19, 22 Mai 1874
9. *Y Tyst a'r Dydd*, 31 Rhagfyr 1875
10. *Y Tyst a'r Dydd*, 21 Ionawr 1876
11. *Y Tyst a'r Dydd*, 26 Ionawr 1877
12. *Y Tyst a'r Dydd*, 12 Mawrth 1875
13. *Y Tyst a'r Dydd*, 1 Mawrth 1878
14. Cyfrifiad 1871
15. *Y Tyst a'r Dydd*, 15 Ionawr 1875
16. *Baner ac Amserau Cymru*, 20 Ionawr 1875
17. *Baner ac Amserau Cymru*, 21 Gorffennaf 1875
18. *Y Tyst a'r Dydd*, 13 Hydref 1876
19. *Y Tyst a'r Dydd*, 1 Ionawr 1878
20. *Y Tyst a'r Dydd*, 3 Rhagfyr 1880
21. *Y Tyst a'r Dydd*, 1 Ebrill 1881
22. *Y Tyst a'r Dydd*, 23 Ionawr 1880
23. *Y Tyst a'r Dydd*, 24 Mawrth 1882
24. *Y Tyst a'r Dydd*, 23 Mehefin 1882
25. Am fwy o hanes William Thomas fel gwleidydd radical a'i ran yn Rhyfel y Degwm gwel: AR DROED YN NYFED: Bywyd ac Amserau GRIFFITH HAVARD, Denley Owen, Cynhyrchion Red Shoes 2017.
26. *Y Celt*, 17 Rhagfyr 1886
27. *Y Tyst a'r Dydd*, 24 Rhagfyr 1886
28. *Y Tyst a'r Dydd*, 22 Gorffennaf 1887
29. *Y Celt*, 20 Medi 1895
30. *Papur Pawb*, 23 Mai 1896
31. *Y Tyst*, 13 Mawrth 1896
32. *Papur Pawb*, 23 Mai 1896
33. *Y Tyst*, 3 Ebrill 1896
34. *Y Tyst*, 15 Mai 1896
35. *Carmarthen Weekly Reporter*, 1 May 1896
36. *Carmarthen Weekly Reporter*, 22 May 1896
37. *Tarian y Gweithiwr*, 30 Ebrill 1896
38. *Baner ac Amserau Cymru*, 1 Ebrill 1896
39. *Y Tyst*, 10 Mawrth 1897
40. *Y Tyst*, 27 Hydref 1893
41. *The Welshman*, 27 Rhagfyr 1895
42. *Carmarthen Weekly Reporter*, 4 Rhagfyr 1896
43. *Y Tyst*, 2 Mehefin 1897
44. *Y Tyst*, 3 Ionawr 1896
45. *Y Tyst*, 6 Ionawr 1897
46. *Y Tyst*, 23 Hydref 1896
47. *Y Tyst*, 25 Mai 1898
48. *Y Tyst*, 15 Mehefin 1898
49. Gwybodaeth o Swyddfa Undeb yr Annibynwyr 2018
50. *Y Celt*, 26 Ebrill 1901
51. *Y Tyst*, 6 Awst 1902
52. *Y Celt*, 29 Mai 1903
53. *Y Tyst*, 29 Mawrth 1905
54. *Y Tyst*, 4 Ionawr 1905
55. *Y Tyst*, 29 Mawrth 1905

56. *Y Tyst*, 5 Gorffennaf 1905
57. *Y Tyst*, 10 Ionawr 1906
58. *Y Tyst*, 18 Ebrill 1906
59. *Tywysydd y Plant*, Morgan Llewellyn, Ebrill 1933
60. *Y Tyst*, 20 Mawrth 1907, 10 Ebrill 1907, 1 Mai 1907
61. *Y Tyst*, 18 Medi 1907
62. *Y Tyst*, 29 Ionawr 1908
63. *Y Tyst*, 3 Mehefin 1908
64. *Y Tyst*, 29 Ionawr 1908
65. *Y Tyst*, 7 Hydref 1908
66. *Y Tyst*, 16 Rhagfyr 1908
67. *Y Tyst*, 17 Tachwedd 1909
68. *Y Tyst*, 15 Chwefror 1911
69. *Y Tyst*, 29 Mawrth 1911
70. *Y Tyst*, 3 Mawrth 1909
71. *Y Tyst*, 9 Mehefin 1909
72. *The Welshman*, 3 Rhagfyr 1909
73. *Y Tyst*, 5 Hydref 1910
74. *Y Tyst*, 21 Rhagfyr 1910
75. *Y Tyst*, 12 Ionawr 1910, 30 Mawrth 1910
76. *Gwyliedydd Newydd*, 5 Mai 1914
77. *Y Tyst*, 20 Ebrill 1910
78. *The Welshman*, 3 Mawrth 1911
79. *The Welshman*, 24 Mawrth 1911
80. *Y Tyst*, 29 Mawrth 1911
81. *Efailwen to Whitland,* vol 1, Lodwick, Carmarthen 1975
82. *Y Tyst*, 2 Hydref 1912
83. *Y Tyst*, 1 Tachwedd 1911
84. *Y Tyst*, 27 Rhagfyr 1911
85. *Y Tyst*, 16 Hydref 1912, 29 Ionawr 1913
86. *Y Tyst*, 14 Chwefror 1912
87. *Y Tyst*, 24 Ebrill 1912, 17 Gorffennaf 1912
88. *Y Tyst*, 1 Hydref 1913
89. *Carmarthen Weekly Reporter*, 26 Rhagfyr 1913, Adroddiad Blynyddol y Tabernacl 1923, Rhan o Ewyllys Ebenezer Thomas yng ngofal yr Eglwys.
90. *Y Tyst*, 7 Ebrill 1915
91. *Y Tyst*, 15 Medi 1915
92. *Y Tyst*, Ionawr 1917
93. *Y Tyst*, 14 Mawrth 1917
94. *Y Tyst*, 15 Awst 1917; Y Darian, 26 Ebrill 1917
95. *Carmarthen Weekly Reporter*, 27 Gorffennaf 1917
96. *Y Tyst*, 9 Ionawr 1918